NARCISSISME
ET FRUSTRATION D'AMOUR

AF136697

PSYCHOLOGIE ET SCIENCES HUMAINES

Louis Corman

narcissisme et frustration d'amour

DESSART ET MARDAGA, EDITEURS
2, GALERIE DES PRINCES, BRUXELLES

AUTRES OUVRAGES DE L'AUTEUR

Nouveau Manuel de Morphopsychologie, Stock, 1966.
Le Diagnostic de l'Intelligence par la Morphopsychologie,
    P.U.F., 1970.
Connaissance des enfants par la Morphopsychologie,
    P.U.F., 1975.

Le Test P.N. - Tome I : *Manuel,* P.U.F., 1961. Tome II :
    Le Complexe d'Œdipe, P.U.F., 1972. Planches du Test
    au Centre de Psychologie Appliquée. Paris.

Le Test du Dessin de Famille, P.U.F., 1964.
Le Test du Gribouillis, P.U.F., 1966.
L'examen psychologique d'un enfant, Dessart, 1968.
Psychopathologie de la rivalité fraternelle, Dessart, 1970.
L'éducation éclairée par la psychanalyse, Dessart, 1973.
L'interprétation dynamique en psychologie, P.U.F., 1974.

D 1975.0024.6

INTRODUCTION

NARCISSISME ET AMOUR

Chacun connaît le mythe antique de *Narcisse*, cet adolescent hellène qui, demeurant sourd aux appels de tendresse
de la nymphe *Echo*, s'abîmait dans la contemplation amoureuse de sa propre image reflétée par le miroir de l'onde.
On sait que, pour cela, les dieux de l'Olympe le firent
mourir, et qu'il fut transformé en fleur.

Havelock Ellis, puis *Sadger*, puis *Freud* se sont inspirés
de ce mythe hellène pour appeler *narcissisme* l'état de
ceux qui sont amoureux de leur propre corps et ne cherchent dans le monde environnant, comme dans un miroir,
que des reflets d'eux-mêmes.

Narcisse et son destin tragique doivent nous faire réfléchir. Voici qu'il dédaigne celle qui l'aime, qu'il n'a d'amour
que pour lui-même, et il périt.

Or, *l'amour est une force de vie.* C'est la force de vie
créatrice la plus puissante qui soit au monde, et de par là
même, le véritable amour ne peut provoquer la mort.

Il doit donc exister entre le narcissisme et l'amour une
différence essentielle. Et, même quand cet amour se limite

à l'amour de soi, il y a lieu de penser qu'un fossé le sépare de la contemplation amoureuse de son propre corps.

Dieu (ou, si l'on préfère, la *Nature*) a mis en effet, au cœur de l'homme en premier l'*amour de soi*, car sans cet amour l'homme ne pourrait pas vivre, ni épanouir les virtualités nombreuses qu'il a en lui à la naissance.

Mais cet amour de soi, qui préside à la vie, est *plénitude d'être*, plénitude débordante, qui engendre par son abondance même l'amour des autres. L'*Evangile* nous l'enseigne qui, faisant de nécessité vertu, nous dit : « *Tu aimeras ton prochain comme toi-même* »; et, lorsqu'on réalise la signification profonde de ce « commandement », l'on découvre qu'il n'est pas seulement une prescription religieuse, mais, comme nous le ferons voir, *le précepte essentiel d'une vie authentique*.

Etant plénitude de vie, cet *amour de soi* a donc pour conséquence l'expansion des forces, la réalisation de soi, la confiance en soi, et la joie des accomplissements. Il émane des profondeurs les plus intimes de notre être, et c'est précisément parce qu'il puise aux sources mêmes de la vie qu'il peut rayonner autour de lui, établir des relations d'échanges avec les êtres qui nous entourent.

Le *narcissisme*, par contre, *n'est que de surface*. Ce n'est pas son être profond, son être total que *Narcisse* contemple, c'est seulement son corps, sa forme extérieure; davantage même, ce n'est pas son corps substantiel, dans sa réalité, c'est seulement son image, son reflet dans un miroir. Ajoutons que cette contemplation ne parvient pas à combler l'attente du jeune homme, puisqu'il la poursuit sans fin, ce qui nous induit à penser qu'il est anxieux, anxieux de savoir si son corps a gardé son intégrité, et que, comme le douteur, il éprouve le besoin d'une constante vérification. Enfin, cet amour de lui-même n'est en rien ouverture vers l'amour universel; il est au contraire fermeture sur soi, blocage dans l'attitude rigide de la contemplation de soi, qui rend *Narcisse* sourd aux appels de celle qui l'aime.

Et il en meurt. Qu'est-ce que cela veut dire ? Voit-on d'ordinaire les gens égoïstement repliés sur eux-mêmes, les gens qui sont incapables d'aimer les autres, incapables d'élans généreux, de don de soi, les voit-on être plus que les autres menacés dans leur existence ? Non certes, si l'on mesure une existence à la longueur de la vie. Mais si on la mesure à son rayonnement, il est certain que l'homme qui, sans cesse, contemple narcissiquement sa propre image, n'est pas vraiment vivant. Ici encore, le christianisme fait montre d'une grande pénétration psychologique lorsqu'il nous enseigne, par le message de l'évangéliste *Jean*, que « *celui qui n'aime pas ses frères demeure dans la mort* ».

Cette opposition entre le *narcissisme* et l'*amour de soi* conçu comme force de vie va nous permettre, dès le début de cette étude, d'introduire quelque clarté dans la confusion habituelle des sens donnés au concept de narcissisme, confusion qui rend souvent difficile la compréhension des textes psychanalytiques où ce concept est objet d'étude.

Le *Livre I* sera consacré à l'étude des *Causes et Signes du retrait narcissique.*

Nous ferons voir au *Chapitre I* que la description, classique en psychanalyse, de deux formes de narcissisme : le *narcissisme primaire* et le *narcissisme secondaire*, ne saurait être considérée comme valable, et qu'il n'y a en psychopathologie qu'un seul narcissisme, le narcissisme secondaire, plus justement dénommé « *retrait narcissique* », de par le fait qu'il est un retour de l'être psychique en arrière, avec fixation à un stade qui aurait dû normalement être dépassé.

Pour cette démonstration, nous irons aux sources mêmes de la formation de la personnalité, sources qui, comme on le sait, sont avant tout biologiques, puisque la croissance du corps et la maturation de ses fonctions précèdent chez l'enfant l'apparition du Moi psychique, lequel est une instance d'adaptation et de régulation des échanges qui s'opèrent entre la force de vie animant l'être (ainsi que ses pulsions) et le monde environnant.

Vue sous cet angle biologique, la considération du développement est rendue très claire par notre conception des deux instincts fondamentaux : l'*instinct d'expansion* et l'*instinct de conservation*.

L'*instinct d'expansion*, ou force vitale d'expansion, qui anime tous les êtres et assure leur développement, est cette même force que les psychanalystes ont appelée *libido*. Comme la force vitale, la libido est une, mais elle se diversifie pour animer les multiples fonctions. Quand la croissance se ralentit et n'accapare plus toute la force vitale, celle-ci devient en partie disponible pour les échanges avec l'extérieur, ce que la psychanalyse décrit de son côté comme bipartition de la libido en *libido du Moi* et *libido objectale*.

Au début de la vie, seul l'instinct d'expansion est à l'œuvre, car l'expansion vitale, se déployant dans un milieu privilégié d'étroite protection, peut se donner libre carrière. Cela correspond à cette phase de la vie que *Freud* a considérée comme régie par le *principe de plaisir*, où les désirs et les pulsions peuvent se satisfaire sans aucune entrave. Pour beaucoup de psychanalystes, c'est le stade du « narcissisme primaire » (dénomination que nous refusons, on verra plus loin pourquoi), stade où l'être n'a souci que de lui-même, consacre toute sa force vitale à sa croissance et, du fait qu'il ne rencontre de la part du milieu aucune résistance, a l'impression, encore que très confusément, que ses désirs ont pouvoir de toute-puissance.

Mais bientôt, l'adaptation au milieu se heurte à des obstacles qui peuvent aller jusqu'à mettre la vie en danger. L'expansion est alors arrêtée, ce qu'on exprime en langage psychologique en disant qu'il y a *frustration des désirs*. L'enfant est désormais contraint d'abandonner sa croyance en sa toute-puissance; il doit quitter le monde magique de ses premiers mois, où *ses désirs étaient satisfaits tout de suite, complètement et sans effort,* pour accéder à la notion d'une réalité et des limitations de celle-ci, dont il lui faut à présent tenir compte (règne du *principe de réalité*).

C'est par les frustrations, soulignons-le, que l'être accède à l'individualité, et son Moi à l'autonomie. Les frustrations sont donc indispensables à la maturation de la personnalité. Mais elles peuvent aussi, par leur trop grande intensité ou leur accumulation, devenir pathogènes et entraver le processus de maturation.

Nous verrons que, dans la formulation biologique, les frustrations correspondent à l'entrée en jeu du second instinct vital : *l'instinct de conservation,* celui-ci commandant une suspension plus ou moins complète des échanges avec l'environnement et une concentration de la force vitale à l'intérieur de l'organisme, dans un but de sauvegarde. En langage psychanalytique, on dit que le sujet retire sa libido des objets et la ramène dans le Moi. Biologiquement comme psychologiquement, il y a dans ce processus un retour en arrière vers une phase d'adaptation plus facile, où les difficultés présentes n'existaient pas; c'est ce qu'on appelle une *régression*.

Il est fréquent que ce retour en arrière fasse revivre la *toute-puissance magique* du stade premier, et cette reviviscence du « narcissisme primaire », se produisant *secon-*

dairement à l'établissement des relations avec l'entourage, mérite de ce fait d'être appelée *retrait narcissique*.

Au *Chapitre II*, nous étudierons *les causes de ce retrait narcissique*.

Comme on l'a vu, l'élan d'expansion vitale est le facteur essentiel de tout progrès, de toute création, et de la joie profonde que donne le sentiment exaltant de sa propre valeur.

Quand cet élan est brisé par quelque cause, il en résulte arrêt des progrès, perte du pouvoir créateur, et la joie fait place à la tristesse, accompagnée d'un sentiment de dévalorisation, autrement dit à ce qu'on appelle en pathologie un *état dépressif*.

L'on verra que, dans l'enfance, toute frustration peut être ramenée à une *privation d'amour*, puisque les multiples soins qu'une mère dispense à son petit émanent de son amour vigilant. Et quand viennent à manquer ces indispensables « nourritures d'amour », l'enfant tombe dans la dépression.

Il faut souligner ici que *le retrait narcissique n'est pas la dépression*. Il en est même par certains côtés le contraire, puisqu'il fait revivre l'euphorie toute-puissante du début de la vie. Nous ferons voir qu'on doit le considérer comme *une défense du Moi contre l'état dépressif*, cette défense se réalisant par la rupture des relations affectives avec l'entourage familial quand cet entourage n'apporte plus au sujet le réconfort qu'il serait en droit d'en attendre.

En second lieu, il faut noter que certains sujets sont plus prédisposés que d'autres à utiliser ce mécanisme de défense, de par leur *tempérament*, qui conditionne une sensibilité particulièrement vive aux frustrations. Le tempérament natif doit donc être considéré aussi comme une cause possible de retrait narcissique.

En troisième lieu, nous montrerons qu'il faut faire jouer un rôle important à la *peur des pulsions*. Quand une faiblesse originelle de l'expansion vitale, ou bien des conditions d'adaptation difficiles, font que les exigences d'expansion requises par la satisfaction des pulsions pourraient mettre l'équilibre psychique en danger, il advient que le Moi provoque, par peur des pulsions, une rupture des échanges et un retrait narcissique. On verra en particulier que le *complexe d'Œdipe*, de par les difficultés pulsionnelles qui lui sont souvent inhérentes, peut être à l'origine de cette défense par retrait.

Au *Chapitre III*, nous exposerons *les signes par lesquels se traduit le retrait narcissique*.

Il est peu de domaines de la psychologie où l'on sente aussi fortement qu'ici l'impossibilité de comprendre les « états d'âme », si l'on ne s'efforce de saisir le dynamisme profond qui les engendre et les entretient. En dépit des apparences premières, on ne peut en effet assimiler les signes narcissiques à des « traits de caractère »; ils expriment tout différemment *un mode réactionnel*, susceptible de varier selon les moments, selon la condition biopsychique du sujet, et selon les influences de son environnement. C'est dire aussi qu'il ne nous sera pas possible dans nos descriptions de séparer les causes et les effets, car ils sont étroitement intriqués. Ainsi, par exemple, nous avons dit que le retrait narcissique est une défense contre la dépression, qu'il se caractérise par une attitude d'indifférence euphorique; mais le conflit entre la défense narcissique et ce contre quoi elle lutte persiste toujours, et crée souvent une diversité de signes quelque peu déroutante.

De même, selon que le retrait narcissique est déterminé par des frustrations graves de la première enfance ou qu'il se produit par suite des difficultés inhérentes à l'Œdipe, l'alliage de la cause et de l'effet donnera chaque fois à ce retrait une marque particulière témoignant de son origine. On ne devra donc pas être surpris de la grande diversité des signes narcissiques, mais, pour la comprendre, cette diversité, il faudra se donner pour règle de l'interpréter dans chaque cas *selon le point de vue dynamique*.

Il reste cependant qu'un certain nombre de modalités typiques se dégageront de notre étude, sous la forme de *syndromes cliniques*, dont la description sera pour nos lecteurs un guide susceptible de leur faciliter une première approche du problème.

Le *Chapitre IV* a pour titre : *Vers un approfondissement de la notion de retrait narcissique*.

Nous y montrerons d'une manière plus approfondie ce qui fait le caractère pathologique du narcissisme, ce « manque » dont parle fort justement *Viderman*, ce vide que crée dans la personnalité la rupture des relations affectives. On pourrait être au premier abord tenté de considérer l'*amour narcissique* et l'*amour d'autrui* comme deux attitudes symétriques, qui seraient toutes les deux au même titre des attitudes vitales. Mais ce serait une erreur : *la vitalité réside essentiellement dans la relation*, la relation du Moi avec les êtres qui l'entourent, car, en réalité, le Moi et Autrui n'ont pas une existence indépendante; ils se constituent l'un et l'autre par leur relation réciproque, en parfaite simultanéité. Le « *Tu aimeras ton prochain comme toi-même* », sous son apparence de commandement religieux, exprime une réalité psychologique : celui qui ne s'aime pas ne peut aimer son prochain, et celui qui n'aime pas son prochain est incapable de s'aimer vraiment lui-même. Et c'est pourquoi *Narcisse* meurt [1].

On ne sera donc pas surpris que, dans la mesure où subsiste en eux quelque vitalité, les narcissiques recherchent sans cesse la relation manquante, c'est-à-dire qu'ils sont constamment en quête d'un substitut maternel, quel qu'il soit. S'ils ne le trouvent pas, ils se choisissent un « *double* », c'est-à-dire un être aussi identique à eux-mêmes que possible, et *en l'aimant, ils ne cessent pas de s'aimer eux-mêmes*.

Nous montrerons ici que ce *problème du double* est d'une importance toute particulière; il intervient même dans beaucoup de relations affectives qui ont toutes les apparences de relations objectales, alors qu'elles sont dirigées en fait par des *choix narcissiques*.

Le *Chapitre V* présentera, en guise de synthèse, *le comportement auquel on peut reconnaître les narcissiques*.

Dans le *domaine affectif*, le retrait en soi traduit la difficulté d'établir des relations avec l'entourage. Nous montrerons que le fort attrait des narcissiques pour la solitude n'est qu'une apparence, qu'il y a chez eux, plus profondément, une exigence impérieuse d'être aimés. Mais il leur manque de comprendre que *tout amour authentique ne peut être qu'un échange*, et leur individualisme foncier fait de leur recherche de la relation une quête impuissante.

Dans le *domaine intellectuel*, quelque doués qu'ils soient, les réalisations des narcissiques ne sont pas à la hauteur de leurs aptitudes réelles, car ils manquent du sens de la

---

[1] Grunberger écrit de son côté : « Je veux souligner l'importance de l'investissement sain de soi-même dans la relation avec autrui. C'est en s'investissant soi-même, *tel qu'on est,* qu'on pourra aimer l'objet tel qu'il est, avec ses défauts. » (*Revue fr. de Psychanalyse,* 1965, n°s 5-6, p. 585).

réalité, et par conséquent du sens de ce qui est possible. Ils vivent dans le monde enfantin de la toute-puissance magique, et sont incapables des efforts patients d'adaptation qui pourraient leur assurer la réussite.

Et cependant, nous devrons consacrer une partie de notre étude au *narcissisme des grands hommes* qui peut être, paradoxalement, une condition de la création intellectuelle. On verra comment nous l'expliquons en invoquant, d'une part la puissance créatrice des fantasmes, et d'autre part l'accumulation de la libido au service de l'expansion cérébrale, c'est-à-dire de la pensée imaginative (Livre III).

Le *Livre II* sera consacré à l'étude du retrait narcissique par *les tests projectifs*.

On a pu noter que si le comportement des sujets narcissiques permet en général à un psychologue averti de faire un diagnostic, encore risque-t-on dans beaucoup de cas d'être trompé par les apparences. Car, ainsi qu'on l'a vu, le retrait narcissique est une défense, et par là, il s'exprime en des attitudes réactionnelles qui peuvent masquer la situation psychique réelle du sujet, ainsi que les causes qui ont suscité celle-ci dans un passé lointain.

Autrement dit, une bonne partie de la vie psychique des narcissiques est refoulée dans les *profondeurs de l'inconscient*, et c'en est souvent la partie la plus importante, la plus authentique. Pour la connaître, il nous faudra donc interroger l'inconscient du sujet. C'est là le but des tests de personnalité, encore appelés *tests projectifs*, parce qu'ils utilisent le processus bien connu de la projection au-dehors du refoulé, permettant ainsi de rendre apparent ce qui était caché.

Nous ferons pour cela appel à deux tests projectifs dont l'usage est général, surtout en pédopsychiatrie : le *test du Dessin de famille*, et le *test P.N.*

Nous avons pu établir sur plusieurs centaines d'observations les signes projectifs qui révèlent le retrait narcissique et l'investissement exclusif du Moi. Mais on verra que, de surcroît, la projection permet la mise à nu des événements de l'enfance qui ont eu un rôle déterminant dans la production du retrait narcissique.

Au *Chapitre premier* sera étudié le retrait narcissique dans le *Test du Dessin de Famille*, en s'appuyant sur une vingtaine d'observations choisies parmi les plus significatives de notre collection. Nous y montrerons qu'une des meilleures manières d'interpréter ce test consiste à rechercher quels sont *les personnages les plus investis*, car ceux-ci répondent toujours à un désir profond d'identification du sujet lui-même. Cette règle nous a permis de découvrir que la mise en valeur particulière de la personne du testé, à la fois par le soin avec lequel il se dessine et par le fait qu'il se place en premier dans le dessin, est un signe indiscutable de retrait narcissique, et nous permet par là de comprendre tout le passé relationnel affectif du sujet.

D'autre part, le Dessin de famille objective aussi très nettement cette quête fréquente du *double* que nous avons vue être un des moyens les plus habituels pour pallier la solitude narcissique.

Au *Chapitre II*, nous montrerons, en nous appuyant sur une trentaine d'observations sélectionnées parmi nos 600 cas, que la pratique du *Test P.N.* (Les Aventures de Pattenoire) permet une analyse plus remarquable encore du problème du narcissisme.

Ici comme dans le Dessin de famille, c'est le centrage sur le sujet lui-même qui caractérise le retrait narcissique, centrage se traduisant notamment par *une identification massive au héros* en qui le testé s'est personnifié.

Mais *le test P.N.*, par la variété des situations-stimuli, permet une interprétation plus approfondie, en nous révélant en particulier les causes qui ont provoqué chez le sujet testé le retrait narcissique.

Nous y verrons en outre s'exprimer très nettement des thèmes de retrait narcissique dépressif, avec, de surcroît, une information précise sur la genèse de cette forme particulière.

Enfin, nous examinerons quelques cas de *psychose*, où le centrage narcissique sur le sujet revêt des formes particulières de par la confusion qui s'établit ici entre le Moi et l'environnement.

Le *Chapitre III*, qui s'intitule « *Correspondances* », examinera un des aspects du problème des convergences d'indices, en montrant qu'on ne doit pas s'attendre à voir toujours se correspondre exactement les indications fournies par le *Dessin de famille* et par le *Test P.N.*, cela pour diverses raisons, dont la principale est que ces deux tests explorent des plans de conscience différents, et qu'il faut toujours, en matière de tests projectifs, préférer à une standardisation, qui ne peut manquer d'être artificielle, une *compréhension dynamique* des conflits psychiques intimes.

Le *Livre III*, qui s'intitule *Narcissisme et Création*, sera consacré à l'étude de quelques grands écrivains qui ont montré, dans leur vie comme dans leur œuvre, les signes d'un fort retrait narcissique.

A leur propos, nous ferons nôtre la pensée de *Freud* quand il écrit : « *Le narcissisme n'est pathologique que quand il inhibe le développement; autrement, il est un enrichissement* ».

L'étude des cas *Baudelaire*, *Balzac*, *Kierkegaard* et *Proust* va nous montrer : en premier lieu, les aspects particuliers que peut prendre le retrait narcissique dans la vie d'hommes remarquables par leur vitalité et leur intelligence, ce qui enrichira encore notre connaissance clinique du problème; en second lieu, comment ce retrait narcissique peut, chez des êtres d'exception, donner à la création littéraire, tant dans la forme que dans le fond, une valeur qui la situe hors des valeurs communes; en troisième lieu, qu'on voit ici les conflits affectifs graves de l'enfance, alors que chez des êtres faibles ils sont susceptibles d'annihiler la personnalité, avoir dans certaines conditions particulières, chez des êtres de forte vitalité, une influence bénéfique en favorisant la création.

Dans nos *Conclusions*, qui ne mettront en rien un point final à cette étude, vu l'ampleur des problèmes psychologiques soulevés ici, nous serons amenés à souligner la très grande complexité de la notion de narcissisme. Nous insisterons sur la nécessité d'en définir clairement les différentes significations, en référence toujours aux situations cliniques, qui fournissent un point d'appui solide à la recherche. Et, de cette complexité même, nous déduirons qu'il faut au psychologue une très grande prudence pour répondre à la question : *normal ou pathologique*? et par conséquent pour, en présence d'un cas de retrait narcissique, faire un pronostic d'avenir.

LIVRE I

CAUSES ET SIGNES
DU RETRAIT NARCISSIQUE

LE DEVELOPPEMENT DE L'ENFANT - LES DEUX INSTINCTS VITAUX D'EXPANSION ET DE CONSERVATION

Pour bien comprendre la notion de « narcissisme », il faut se référer au tout premier développement de l'être humain.

Au début de la vie, le jeune enfant n'a pas la notion de son existence comme individu. Avant la naissance, dans le sein maternel, dont il reçoit tout, il vivait dans un état de fusion édénique avec la mère qui l'engendre. Après la naissance, étant donné l'immaturité de la plupart de ses organes, il périrait s'il n'était encore étroitement protégé par sa mère, qui lui assure le milieu indispensable à sa croissance. Avec cette conséquence que le nourrisson, n'ayant pas la notion de son existence propre, se sent en solidarité totale avec le monde qui l'environne, ce qu'on exprime parfois en disant que Moi et Non-Moi à ce stade sont confondus; manière de dire incorrecte, puisque le Moi n'existe pas encore. Quand, vers la fin de sa première année, le jeune enfant commence à se reconnaître comme un corps individualisé et ne trouve plus étrangère son image dans un miroir (*stade du miroir de Lacan*), se constitue une première ébauche du Moi.

Cette constitution du Moi est fortement étayée aussi par les inévitables frustrations de la vie, qui enseignent de bonne heure au jeune enfant qu'il existe un monde extérieur distinct de lui et dont il aura à souffrir. L'exemple le plus simple qu'on peut en donner est celui du sein nourricier maternel : lorsque le bébé a faim, s'il trouve aussitôt le sein dispensateur de bon lait, il peut légitimement croire que ce sein lui appartient, que rien ne l'en sépare, mieux *qu'il est en lui*; mais viendra le moment où ses cris d'appel ne pourront recevoir une satisfaction immédiate et où, frustré dans son désir, le bébé connaîtra, dans la souffrance, que sa mère et lui sont deux êtres distincts.

Le Moi de l'enfant s'établit donc et se fortifie par les frustrations, à la condition, comme on le verra, que l'intensité de celles-ci ne dépasse pas ce que le sujet est capable de supporter.

Le Moi était pour la psychologie classique le *système perception-conscience*, autrement dit le siège des phénomènes psychiques conscients. La psychanalyse nous a montré que son rôle est beaucoup plus étendu, et qu'il faut le considérer comme *une instance chargée d'adapter l'organisme au milieu environnant*.

Comment y parvient-il ? On sait que ce qui caractérise l'être en croissance, c'est l'expansion de toutes les fonctions qui porte celles-ci à se déployer au maximum et à assurer leur emprise sur le monde extérieur. On a dit souvent que ce qui caractérise la vie, c'est l'instinct de conservation. Mais c'est inexact : *la vie, c'est l'instinct d'expansion*; elle n'aspire pas tant à se conserver qu'à s'accroître, à devenir plus grande et plus forte, à élargir sans cesse le champ de l'espace où elle se déploie. L'*instinct d'expansion* prédomine à l'évidence chez les êtres jeunes, en pleine croissance, au maximum de leurs possibilités créatrices. Par contre, l'*instinct de conservation*, c'est l'instinct qui prédomine chez les malades et les vieillards, chez tous les êtres en qui la vie décline et qui doivent, pour subsister, conserver en eux-mêmes les trop faibles forces qui leur restent.

Au début, le Moi est surtout au service de l'expansion vitale, qu'il a la charge d'adapter au milieu environnant. On sait, en effet, que le jeune enfant, se donnant sans retenue au mouvement qui le porte en avant, ne peut manquer, dès qu'il s'aventure hors du milieu de protection initial, de se heurter à maints obstacles du milieu et court par là grand risque de périr. Le Moi intervient alors par sa *fonction de vigilance*, c'est-à-dire qu'étant en contact permanent avec le milieu extérieur, il acquiert la notion de ce qui est ou n'est pas dangereux, et il règle la force d'expansion de façon que celle-ci puisse atteindre ses buts avec une satisfaction maximale et un risque minimal. Cette fonction de vigilance du Moi est donc au service du second instinct vital : l'*instinct de conservation*. C'est dire encore que le règne du *principe de plaisir*, où tous les désirs tendaient à se satisfaire d'une manière complète, fait place alors au règne du *principe de réalité*, où les désirs doivent tenir compte des exigences du monde extérieur, apprendre à différer leur satisfaction et à accepter qu'elle ne soit pas totale.

Le Moi a donc un rôle de sélection : quand le milieu est favorable, il permet l'expansion; quand il est défavorable, il fait jouer l'instinct de conservation. *Freud* a trè juste-ment rappelé que ce double mouvement vital s'observe à l'état pur chez cet organisme de structure simple qu'est l'amibe, qui tantôt pousse ses pseudopodes vers le milieu (expansion), et tantôt les retire et les rentre en elle-même (conservation).

Expansion-conservation, tel est le mouvement incessant de la vie, par une oscillation de l'un à l'autre qui constitue une souple adaptation au monde extérieur. Ainsi, le jour est expansion, car toutes les activités s'y déploient au maximum. La fatigue du soir nous fait ressentir l'ambiance comme nocive : les muscles répugnent à l'effort, les sens se fatiguent, on grelotte dans l'air nocturne, et l'instinct de conservation entre alors en jeu pour déclencher le sommeil réparateur.

I. L'INSTINCT D'EXPANSION, IMPROPREMENT DENOMME NARCISSISME PRIMAIRE

Il convient de remarquer que, dans les premières années, l'expansion prédomine fortement, du fait même des exigences de la croissance, et que toutes les forces vives, y compris celles du Moi, y contribuent au maximum. L'*amour de soi*, qu'on reproche parfois aux enfants en le qualifiant d'égoïsme, est donc à cette période de l'existence une nécessité vitale. L'enfant se croit par privilège de naissance le maître du monde; il a un sentiment de toute-puissance et ne souffre pas que ses désirs ne soient pas satisfaits tout de suite et complètement. C'est la raison pour laquelle certains psychanalystes ont voulu dénommer cette période de la vie : *narcissisme primaire*.

Mais si le jeune enfant, tel le *Narcisse* du mythe antique, se contemple dans le miroir et est amoureux de lui-même, il faut souligner qu'un grand élan de vie le porte en avant et va bientôt lui faire abandonner cette position égoïste [1].

---

[1] A qui pourrait en douter, rappelons que le bébé, dès ses premiers mois, sourit à sa mère. Ce sourire est le premier don, le premier échange, et par lui s'instaure une communication qui ne cessera dès lors de s'enrichir, jusqu'à l'acquisition du langage, qui la réalise pleinement.

En effet, au fur et à mesure que la croissance se ralentit, ses exigences en force vitale d'expansion diminuent, et une part de plus en plus grande de cette force devient disponible pour les relations qui s'instaurent avec le monde environnant.

Les psychanalystes décrivent cette évolution en se servant de la notion de *libido*, introduite par *Freud* et reprise par *Jung*, notion qui, sur le plan biologique, se confond avec notre force vitale d'expansion. « *Nous nous formons*, écrit *Freud*, *la représentation d'un investissement libidinal originaire du Moi. Plus tard, une partie en est cédée aux objets, mais fondamentalement l'investissement du Moi persiste et se comporte envers les investissements d'objets comme le corps d'une amibe envers les pseudopodes qu'elle a émis.* » Cette distinction de *libido du Moi* et de *libido objectale* est, comme nous le montrerons, tout à fait capitale.

Nous avons dit plus haut que nous considérons comme inadéquate la notion d'un narcissisme primaire. Corrélativement, le mot narcissisme est employé dans beaucoup de vocables psychanalytiques. C'est ainsi que la libido du Moi est aussi appelée *libido narcissique*. De même, il est souvent fait usage des mots : *complétude narcissique* et *blessure narcissique*, le premier pour désigner l'équilibre idéal du nourrisson en expansion vitale dans un milieu de protection, le second pour désigner la rupture de cet équilibre par suite des frustrations. Enfin, on dénomme souvent *apports narcissiques* du milieu toutes les nourritures que la mère, par son amour, dispense à son bébé, et qui viennent doubler la force d'expansion vitale native. Nous mentionnons ces termes parce que les psychologues les rencontreront dans leurs lectures, mais, comme pour le terme de narcissisme primaire, nous les jugeons inadéquats et susceptibles de nuire à la compréhension de ce qu'est vraiment le narcissisme, comme on le verra dans la suite de cette étude, et nous récusons leur emploi.

II. LES PULSIONS ET LEUR DEVENIR

L'organisme enfantin, on le sait, n'acquiert que petit à petit la maturité fonctionnelle qui le fera accéder progressivement à l'organisation adulte. La force d'expansion vitale, indifférenciée au départ, se différencie dans chacune des fonctions au fur et à mesure que celles-ci se développent. L'amour de soi, lié à cette expansion vitale, *investit* [2] lui aussi les différentes fonctions; il en résulte qu'à l'accomplissement de celle-ci s'attache un *sentiment de valeur*, lequel est un stimulant très efficace pour le développement.

Il est important de souligner que la force d'expansion vitale native n'est pas le seul moteur de la croissance. Le rôle de l'environnement est capital, en apportant au jeune enfant toutes les nourritures dont il a besoin : en premier l'aliment, mais aussi l'air respirable, l'espace pour la motricité et les stimulations sensorielles. Toutes ces nourritures, c'est la mère qui, par son amour vigilant, en est au début l'unique pourvoyeuse. Il en résulte que le sentiment de valeur attaché à l'exercice des fonctions dépend pour une très large part de la manière dont cet exercice est approuvé, « investi » par la mère. On sait combien l'enfant attache de prix à cette approbation : « Maman, regarde-moi ! »,

---

[2] La notion d'investissement est capitale en psychologie. Elle est inspirée du sens habituel de ce mot dans les expressions courantes : « investir quelqu'un d'une fonction », « investir un capital », « investir une place forte pour la conquérir ». Dans tous les cas, il s'agit de concentrer en un même point ou sur un même objet toute la force vive dont on dispose (estime, amour, agressivité ou puissance d'argent) et par là de la valoriser au maximum.

dit-il sans cesse pour lui faire constater ses progrès; et combien, en revanche, la désapprobation d'une conduite enfantine par la mère est susceptible d'inhiber l'activité dans cette direction, amoindrissant par là même le sentiment de valeur de l'enfant.

Ainsi donc, suivant l'attitude de l'entourage familial, il y aura ou il n'y aura pas *accord entre les pulsions et l'expansion vitale*. Assurément le sentiment de valeur ne sera pas le même dans les deux cas : la satisfaction pure et simple d'une pulsion ne procure que la *jouissance* de la détente, de par le fait qu'elle fait cesser une tension; par contre, quand ladite pulsion est investie par une grande force expansive (autrement dit par une grande quantité de libido), il en résulte une *joie* profonde avec accroissement du sentiment de valeur.

Il convient d'y insister. Les psychanalystes ont souligné l'importance qu'a l'écart entre les pulsions et l'amour de soi [3], écart qui peut aller jusqu'à un antagonisme. Chez une personnalité équilibrée, lorsque le Moi est parvenu à intégrer telle pulsion déterminée au dessein général de l'organisme, il y a plein accord entre la *jouissance* que procure la pulsion et la *joie* que donne le sentiment de valeur de l'accomplissement. Mais il arrive dans beaucoup de cas que cet accord n'est pas réalisé, que la détente de la satisfaction pulsionnelle ne s'accompagne pas d'un sentiment de valeur accru, et c'est là une cause fréquente de déséquilibre névrotique.

Ainsi par exemple, le *rapport sexuel* à lui seul ne provoque qu'une simple détente fonctionnelle; mais il peut

[3] Ici encore, nous devons mentionner pour la critiquer l'expression employée par certains psychanalystes qui disent que le Moi « intègre les fonctions en les narcissant »; car c'est toujours la même confusion inadmissible entre le narcissisme et la force vitale d'exapnsion.

se doubler de la satisfaction profonde que donne le sentiment d'un accomplissement, le sentiment de s'être réalisé
comme homme ou comme femme, et d'avoir conquis son
partenaire [4].

De la même façon, l'*action musculaire*, surtout après
une longue immobilité, entraîne une détente; mais chez un
sportif, par exemple, elle peut se doubler de la satisfaction
de posséder un corps qui répond bien à ce qu'on attend de
lui, qui accomplit des prouesses et suscite l'admiration.

On sait aussi, pour prendre un exemple plus proche de
la petite enfance, que l'*exonération fécale* n'est pas pour le
bébé la simple évacuation qui soulage le besoin; elle peut
être pour lui un acte qui engage toute sa personne, le don
de quelque chose à quoi il tient beaucoup; et l'on sait que,
pour obtenir les premières selles dans le petit pot, les
parents agiront sagement en valorisant par leur attitude
louangeuse l'acte du bébé « sur le trône ». On ne sait que
trop, en revanche, combien les interdits et les punitions qui
sanctionnent en cette matière le laisser-aller et la saleté de
l'enfant peuvent entamer son sentiment de valeur et avoir
pour l'avenir de la fonction des conséquences fâcheuses.

---

[4] A ce sujet, il y a lieu de critiquer la position de *W. Reich*
affirmant la valeur éminente de la « *fonction de l'orgasme* ».
Plusieurs auteurs ont fait remarquer qu'il n'y a point parallélisme
entre la capacité orgastique et le niveau de maturité de la relation
objectale. L'orgasme est en fait une simple décharge de tension,
tout comme la défécation. Il est auto-érotique et n'a d'autre valeur
que de confirmer le sujet dans son sentiment d'exister (et, pour
l'homme, de n'être pas châtré); il est donc totalement indépendant
de la relation d'objet, et il peut même lui être contraire. Ainsi, on
peut remarquer que les « don Juan », en dépit des apparences qui
semblent leur allouer une puissance sexuelle hors du commun,
sont en réalité des êtres narcissiques, incapables d'entrer vraiment
en relation avec leurs partenaires, et qui tentent de compenser
leur insuffisance profonde par d'incessantes réassurances.

De même, lorsque les *pulsions sexuelles* de l'enfant sont censurées par l'entourage, il peut s'ensuivre une inhibition plus ou moins complète qui empêche la maturation de la sexualité et son intégration dans la personnalité globale.

III. L'IDEAL DU MOI

L'on vient de voir que l'approbation ou la désapprobation des parents joue un rôle capital dans la vie pulsionnelle de l'enfant. Alors qu'à ses débuts, dans un milieu de grande protection où l'expansion pouvait se donner libre carrière, l'enfant avait le sentiment confus d'être tout-puissant, dès que les obstacles dressés sur sa route lui font connaître les frustrations, il est contraint d'abandonner sa croyance en sa toute-puissance, et il délègue celle-ci aux parents, du bon vouloir desquels il dépend entièrement. C'est l'attitude de ses parents qui décide alors de ce qu'il a le droit ou n'a pas le droit de faire. Son Moi, en vertu de sa fonction d'adaptation, doit donc désormais se référer au modèle parental qui constitue pour lui un modèle idéal : l'Idéal du Moi [5].

Cet *Idéal du Moi* est au début extérieur à la personnalité de l'enfant et s'impose à lui du dehors; c'est-à-dire qu'en l'absence des parents, le caprice de l'enfant reprend tous ses droits, suivant la règle du « pas vu pas pris ». On sait que beaucoup d'adultes ne dépasseront pas ce stade et que, lorsqu'ils sont prêts à faire quelque chose d'interdit, ce n'est que la vue du gendarme qui les en empêche.

---

[5] Cet Idéal du Moi comporte à la fois des idéaux à imiter et des interdits à ne pas enfreindre. Sous son aspect interdicteur, l'Idéal est souvent appelé *Sur-Moi,* et l'origine de ce mot réside dans la constatation que, dans certains états pathologiques, le Moi se trouve véritablement écrasé par la sévérité des interdits et est envahi de sentiments de culpabilité.

La maturation exige cependant quelque chose de plus. Au moment de la résolution de l'Œdipe, vers 5 ou 6 ans, l'Idéal du Moi, représentant la voix des parents, *s'introjecte* dans la personnalité de l'enfant et vient doubler le Moi. C'est alors, non plus du dehors, mais du dedans que se fait entendre la voix toute-puissante qui conseille et interdit.

Le sentiment de valeur de l'enfant, et son compagnon obligé, la joie des accomplissements, dépendent alors de cet *Idéal du Moi introjecté*; et c'est par là que l'enfant se montre éducable, qu'il obéit aux règles édictées par ses parents.

Nous avons vu plus haut qu'il peut y avoir désaccord et même conflit entre la satisfaction pulsionnelle et la satisfaction du Moi. Ces conflits, nous les retrouverons ici avec une intensité beaucoup plus grande, de par le fait que l'Idéal du Moi impose souvent des règles très strictes à la satisfaction pulsionnelle. La satisfaction d'une pulsion interdite suscite alors un sentiment de honte et de dévalorisation plus ou moins chargé d'angoisse. Il y a là le germe de maints *conflits névrotiques* : si, pour reprendre l'exemple donné plus haut, l'éducation frappe la sexualité d'interdit, le sujet, ayant introjecté cet interdit, pourra éprouver de la honte et de la culpabilité de ses manifestations sexuelles les plus anodines [6].

---

[6] Nous en trouvons un bon exemple dans *La Confession d'une jeune fille*, de Marcel Proust, lorsque l'héroïne du récit se laisse séduire : « Alors que le plaisir me tenait de plus en plus, je sentais s'éveiller, au fond de mon cœur, une tristesse et une désolation infinies; il me semblait que je faisais pleurer l'âme de ma mère, l'âme de mon ange gardien, l'âme de Dieu. »

CHAPITRE II

LES CAUSES
DU RETRAIT NARCISSIQUE

Etudiant au *chapitre I* le développement de l'enfant, en nous appuyant sur le double mouvement de la vie : l'*expansion* et la *conservation*, nous avons été amenés à critiquer la notion de narcissisme primaire, en montrant que, de par la force même de l'expansion vitale, *l'amour de soi contient en puissance l'amour d'autrui*, la possibilité de relations affectives avec l'entourage humain, et ne saurait donc être assimilé à la perversion du *Narcisse* de la légende.

I. LE VERITABLE NARCISSISME
EST LE NARCISSISME SECONDAIRE

On ne peut légitimement parler de narcissisme que lorsque la relation affective avec autrui a été possible, que même elle a pu être réalisée, mais qu'elle a été secondairement abandonnée au profit d'un amour de soi exclusif. Ce qui est donc essentiel ici, c'est le mouvement de « retrait » par lequel le sujet retire sa libido objectale et la reprend pour lui-même, en en investissant son Moi, qui se gonfle exagérément en libido narcissique; et nous verrons que la majeure partie des symptômes du retrait narcissique expriment ce *surinvestissement du Moi.*

Biologiquement, cette situation correspond à un blocage de l'expansion vitale et à la prévalence des forces de conservation, laquelle fait régresser le sujet à une époque antérieure de sa vie. On a vu qu'alors, toute la force vitale du sujet, soustraite à l'expansion, se concentre à l'intérieur de lui-même dans un but de sauvegarde.

A ces apparences d'affirmation du Moi, on pourrait croire qu'on se trouve devant une situation de force. Mais en réalité, cela résulte toujours d'une certaine faiblesse de l'expansion vitale par rapport à ce qu'exigerait l'adaptation au milieu. Il s'agit donc moins d'un accroissement de libido narcissique que d'une concentration de celle-ci à l'intérieur du Moi pour pallier un appauvrissement qui pourrait être dangereux pour l'équilibre vital du sujet. Et cela est conforme au point de vue biologique, envisagé ci-dessus, de l'utile entrée en jeu de l'instinct de conservation.

Plusieurs psychanalystes l'ont nettement souligné; entre autres *Viderman,* qui écrit :

« *Nous devons éclairer les raisons qui déterminent le retrait de la libido objectale et, corrélativement, le renforcement de l'investissement du Moi par toute l'énergie libidinale soustraite aux objets .... au terme de cette réflexion, nous nous apercevons que le narcissisme se révèle à nous comme négativité et manque.* »

Cette vue se trouve confirmée par l'étude des causes du retrait narcissique, dans lesquelles nous allons pouvoir découvrir le dynamisme psycho-biologique qui commande ce processus.

II. CAUSES DU RETRAIT NARCISSIQUE

Si le narcissisme est un mouvement régressif qui fait abandonner le stade des relations objectales pour revenir au stade premier de l'amour exclusif de soi, ce sont les causes de cette rupture des relations affectives avec l'entourage que nous devons rechercher. Nous allons constater qu'elles résident, tantôt dans *l'attitude frustrante des parents* à l'égard de l'enfant, tantôt dans *l'enfant lui-même*, dans ses difficultés personnelles d'adaptation.

1. *Les frustrations*

Nous avons montré que les frustrations inévitables de l'existence sont nécessaires à la maturation du Moi, à la condition qu'elles soient supportées; ce sont là *les frustrations dites normales*.

Mais il existe des *frustrations pathologiques*, susceptibles d'empêcher cette même maturation du Moi; ce sont celles qui, par leur intensité ou par leur accumulation, excèdent les possibilités d'adaptation du sujet.

Or, on a vu plus haut que les forces vitales d'expansion, qui assurent le développement, sont en quelque sorte doublées par les apports nutritifs du milieu, apports qui sont pour la plus large part dispensés par *l'amour maternel*. Si l'une de ces nourritures vient à faire défaut, il en résulte pour l'enfant une *carence* ou une *frustration*. La différence entre les deux est que la carence est le manque d'un élément indispensable à la vie, tandis que la frustration est le manque d'un élément que l'enfant escomptait. Ainsi, il y a carence maternelle quand la mère est absente, ou morte, ou qu'elle néglige les soins les plus élémentaires; il y a frustration quand la mère ne donne pas à son enfant tout ce qu'il attend d'elle, quand par exemple elle partage son affection entre plusieurs enfants, alors que le sujet voudrait son amour exclusif. Soulignons toutefois qu'il est nombre de cas où l'on ne peut distinguer nettement carence et frustration.

La *privation d'amour* est donc la frustration majeure, car elle entraîne automatiquement la privation des soins maternels les plus divers. Une mère qui aime son bébé répondra aux désirs de celui-ci, lui sourira dès qu'il sourit, le prendra dès qu'il tend les bras, lui parlera ou le bercera s'il crie, et plus tard valorisera par son attitude positive toutes les manifestations de son expansion naissante, par exemple ses premières tentatives motrices, quelque maladroites qu'elles puissent être.

Il est des cas où cette privation d'amour mérite le nom de carence, de par sa gravité. Les études récentes ont notamment montré les graves conséquences possibles de l'*hospitalisation* d'un bébé, lorsque celle-ci entraîne sa séparation d'avec sa mère. L'on saisit fort bien par ces études le processus qui aboutit au retrait narcissique. Le bébé qu'on a séparé de sa mère, et qui ne reçoit pas, ou ne reçoit qu'incomplètement les soins d'un substitut maternel (par exemple une infirmière), devient triste et pleure sans arrêt. Mais après un certain temps, il cesse de pleurer et devient indifférent, comme on peut le voir à son visage inexpressif. Si cela se prolonge, le retour auprès de sa mère peut ne provoquer chez ce bébé aucun élan affectif, l'indifférence persistant, ou étant remplacée par des réactions agressives. Il faudra beaucoup d'affectueuse patience de la part de la mère pour faire fondre cette glace d'indifférence et renouer les relations interrompues. Même, si la durée de la séparation a été très longue, il arrive que la situation soit irréversible. C'est là un exemple typique de ce qu'est le retrait narcissique dans sa forme extrême, et l'on y voit notamment que ce retrait est une défense du Moi contre l'état dépressif initial.

Il est de nombreux cas où l'attitude frustrante des parents est facile à mettre en évidence par l'enquête, où il est manifeste que l'enfant a été privé de l'amour des siens.

Mais il est d'un intérêt tout particulier pour le psychologue de pouvoir déceler ces attitudes frustrantes lorsqu'elles sont *masquées*, c'est-à-dire *inconscientes*. Il faut en pareil cas faire une analyse attentive de tous les besoins de l'enfant, afin de détecter ceux de ces besoins qui ont été frustrés. Telle mère obsessionnelle, qui déclare de bonne foi aimer son enfant, du fait même de ses phobies névrotiques ne l'embrasse jamais, ou bien impose à ses repas des horaires trop rigoureux, sans prendre en considération les exigences réelles de son appétit. Telle mère trop occupée néglige de sortir le bébé de son berceau, ne le berce jamais, ne le promène pas. Telle mère phobique, craignant toujours qu'il n'arrive quelque accident à son enfant grandissant, paralyse ses premières tentatives motrices par des interdits anxieux. Telle autre encore, en proie à des manies de propreté, répugne à tout ce qui est sale chez son bébé et l'accable de ses exigences incessantes.

Il y a encore, et ceci est moins connu, les mères hyperprotectrices, dont on ne songerait pas au premier abord à dire qu'elles n'entourent pas leur enfant d'un amour vigilant, mais qui précisément l'entourent trop et, par leur protection, entravent les efforts qu'il fait pour conquérir son autonomie; on ne saurait trop insister sur la gravité possible de cette *frustration d'indépendance*.

Plus tard, quand les premières années ont passé, il sera parfois très difficile de mettre en évidence ce qu'ont été ces attitudes frustrantes, dont les mères n'ont le plus souvent pas eu une claire conscience et qu'elles ne pourront par conséquent nous rapporter. Il est cependant un moyen pour le psychologue de déceler si un jeune bébé a souffert : c'est de demander quelle était son *humeur* au cours de sa première année. Un bébé heureux le manifeste par l'euphorie de son visage et par sa bonne humeur. Un bébé qui souffre de frustrations est d'humeur ou triste, ou agressive, ou bien présente ce mélange de tristesse et d'agressivité qu'on appelle l'humeur grincheuse : « Il pleurait tout le temps, nous dit la mère, sans qu'on sache pourquoi. »

Nous verrons aussi, dans la seconde partie de cet ouvrage, que lorsqu'on soumet un sujet narcissique à un test de personnalité, qui fait revivre par projection les stades premiers de l'existence, l'on voit dans la plupart des cas s'exprimer dans cette projection la souffrance des frustrations précoces. C'est d'ailleurs la pratique de ces tests qui a attiré spécialement notre attention sur l'importance des frustrations subies par les sujets qui font un retrait narcissique. Il advient souvent que la mise à nu des états de frustration par un test conduise le psychologue à reprendre l'enquête sur les antécédents et fasse découvrir alors ce que le premier entretien n'avait pu révéler.

2. *Le tempérament de l'enfant*

Nous venons de dire que la frustration se distingue de la carence en ce qu'elle est la privation, non d'un élément essentiel à la vie, et dont les enfants auraient tous à souffrir à un égal degré ou presque, mais d'un élément que l'enfant comptait recevoir et qu'il n'a par reçu.

Nous avons montré d'autre part que les frustrations pouvaient avoir, selon les cas, une influence favorable ou défavorable sur la maturation de la personnalité.

Existe-t-il des tests pour apprécier objectivement cette action des frustrations ? Non, car cela dépend essentiellement de la *tolérance de chaque sujet aux frustrations*. Autrement dit, il nous faut toujours apprécier une frustration en fonction de la subjectivité de celui qui la subit, des enfants de tempérament différent réagissant différemment pour une même frustration.

Le *tempérament* exprime ici les aptitudes natives et, en particulier, l'équilibre des forces d'expansion et de conservation qui va, dès la naissance, régler l'évolution.

Nous avons montré que cet équilibre s'objective dans la structure morphologique de chacun[1]. *Grosso modo*, on peut opposer deux Types extrêmes : les *Dilatés* et les *Rétractés*.

Les *Dilatés* (il en est plusieurs variétés, d'où notre utilisation du pluriel) sont dotés d'une grande force vitale d'expansion et ont de ce fait une croissance facile, s'adaptant aisément à tous les milieux et se montrant peu sensibles aux frustrations.

Les *Rétractés*, par contre, ont peu de force d'expansion, et chez eux, ce sont les forces de conservation qui prédominent, avec cette conséquence qu'ils sont très difficiles dans le choix de leurs conditions d'existence et supportent mal les inévitables frustrations de la vie.

Cette opposition des deux tempéraments doit être complétée par le facteur *tonicité*, qui nous indique les possibilités plus ou moins grandes de réactions actives aux actions du milieu, et qui s'objective dans le caractère plus ou moins tonique des chairs.

Ainsi, le nourrisson est en général un *Dilaté atone*, de chairs molles, très réceptif, mais peu actif, vivant en état de dépendance passive de son milieu de protection. Vers la fin de sa première année, de par le développement de la

---

[1] Pour une information plus complète sur la méthode morphologique de diagnostic du tempérament, on pourra consulter nos ouvrages : *Nouveau Manuel de Morphopsychologie*, 1967, Stock; *Le diagnostic de l'intelligence par la Morphopsychologie*, 1970, P.U.F.; *Connaissance de l'enfant par la Morphopsychologie*, 1974, P.U.F.

motricité, il devient un *Dilaté tonique*, de chairs fermes, autant actif que réceptif, capable d'une autonomie croissante.

De même, les *Rétractés* peuvent être soit atones, soit toniques. Chez les *Rétractés atones*, la force expansive est particulièrement défaillante, et les moindres frustrations précipitent le sujet dans la régression. Par contre, les *Rétractés toniques* ont une puissance de rebondissement beaucoup plus grande et sont capables, dans certaines conditions, de rompre le contact avec le milieu qui les entoure, de se suffire à eux-mêmes, tandis que les *Rétractés atones* ont un constant besoin de présence et de protection.

La considération du tempérament rend compte aussi de la *variété des attitudes narcissiques*, variété qui déconcerte souvent les psychologues. Les *Dilatés* sont des *extravertis*; le narcissisme se marque chez eux par un grand désir de paraître, d'étonner, d'être admirés; dans leurs fantasmes, ils ne se voient pas solitaires, mais idoles adulées par les foules. Les *Rétractés*, par contre, sont des *introvertis* : le narcissisme les fait se replier sur eux-mêmes, rechercher la solitude, mener une vie à l'écart du monde, dans un effacement qui dissimule mal un grand orgueil.

A titre d'illustration, on notera comme significatif que les enfants, de par le fait qu'ils appartiennent au type dilaté, sont incapables de jouer correctement à cache-cache; ils désirent le contact, et qu'on les découvre tout de suite; au besoin, si l'on tarde, ils sortent d'eux-mêmes de leur cachette pour se faire prendre. Un enfant de type rétracté pourra se comporter tout différemment; ainsi le *Poil de Carotte* de *Jules Renard*, dont l'auteur dit : « Il se cache si bien qu'on l'oublie. »

Il nous faut encore souligner qu'en cas de frustration grave, la réaction des *Dilatés*, surtout du *Dilaté atone*, est

de tomber dans la dépression et d'avoir besoin à tout prix
de retrouver des contacts affectifs réconfortants. Aussi, le
retrait narcissique nous apparaît-il surtout comme une
réaction de *Rétracté*, comme une défense contre le sentiment dépressif de dévalorisation.

3. *La peur des pulsions*

Les dispositions particulières de chaque enfant ne se
manifestent pas seulement dans ses aptitudes natives, dans
son tempérament. L'équilibre qu'au cours de sa croissance
il doit maintenir entre les diverses instances de sa personnalité est obtenu avec plus ou moins de facilité selon les
cas. Nous avons en commençant souligné que chaque
fonction de l'organisme, lorsqu'elle se manifeste, doit pouvoir être *investie*, c'est-à-dire lestée d'une force expansive
suffisante pour contribuer à l'épanouissement de la personnalité tout entière. Lorsqu'il n'en est pas ainsi, et que
le sujet recule devant l'accomplissement fonctionnel, parce
que celui-ci remettrait en question son équilibre, tout se
passe comme si la situation suscitait en lui une *peur des
pulsions*.

Par exemple, si un enfant entre en compétition avec sa
fratrie et se sent animé de sentiments agressifs intenses dont
il appréhende des chocs en retour redoutables, la peur de
ses pulsions pourra le conduire à rompre le contact avec
l'objet de sa rivalité, et à adopter vis-à-vis de celui-ci une
attitude d'indifférence distante, tout comme s'il ne le con-
naissait pas.

Davantage encore, la *situation œdipienne*, quand elle
tend à s'exprimer par des sentiments, tant amoureux
qu'agressifs, très violents, qui risquent d'entraîner le sujet
dans une aventure dangereuse, peut susciter en lui une
peur des pulsions œdipiennes qui lui fait rompre le contact

avec ses parents. L'expérience nous a montré que cela est fréquent, et que la grande majorité des sujets en retrait narcissique ne sont point parvenus à dépasser la situation œdipienne.

Il est des cas où l'on saisit en quelque sorte *in statu nascendi* le processus qui fait régresser le sujet, sous l'influence de la peur des pulsions, de l'identification œdipienne au parent de même sexe vers le retrait narcissique. On verra en particulier au Livre II le cas d'une fillette de 13 ans qui présentait cliniquement un complexe d'Œdipe très intense et qui, dans son *dessin de famille*, après deux tentatives infructueuses pour se mettre à la place de la mère, finit par se représenter en une fillette, flanquée d'un double de même sexe et du même âge qu'elle (Obs. 15).

La considération du rôle joué par le *tempérament* et par la *peur des pulsions* doit nous rendre prudents dans la recherche des facteurs responsables d'un retrait narcissique. On pourrait croire en effet, vu l'importance du facteur frustration, qu'il faut dans tous les cas incriminer l'attitude indifférente ou hostile des parents. Mais ce serait simpliste, car, dans nombre de cas, il faut interpréter les faits en tenant compte de la subjectivité propre de chaque enfant. Ainsi par exemple, quand un enfant se plaint de n'être pas aimé des siens, il faut savoir que cela peut être vrai, mais que cela peut signifier aussi que le sujet n'est pas aimé « comme il désirerait l'être », ce qui n'engage pas évidemment au même degré la responsabilité de ses parents.

CHAPITRE III

LES SIGNES
DU RETRAIT NARCISSIQUE

Le retrait narcissique se manifeste par deux ordres principaux de signes : les uns exprimant la *rupture plus ou moins complète des relations affectives* avec l'entourage; les autres exprimant la *survalorisation du sujet*.

I. RUPTURE DES RELATIONS AFFECTIVES

On a vu que cette rupture se produit pour éviter l'angoisse de l'état dépressif, lorsque le maintien d'un contact avec autrui qui n'apporte plus au sujet aucun réconfort risquerait d'accentuer le sentiment de dévalorisation et de culpabilité. Alors, on voit *l'amour de soi se substituer à l'amour d'autrui*, le sujet se comportant avec les siens d'une manière indifférente, comme s'il ne les aimait pas et les considérait comme des étrangers.

Il s'isole au sein même de sa famille, se montre distant, taciturne, secret, peu communicatif, ni caressant, ni embrasseur. Cela se justifie dans son esprit par la conviction qu'il n'est pas aimé, et qu'il ne saurait par conséquent répondre par l'affection à l'indifférence ou l'hostilité des siens. Il advient même que le désinvestissement des images parentales puisse aller jusqu'au désir de se détacher entièrement des liens de filiation, quitte d'ailleurs dans certains cas à vivre en fantasme une filiation purement imaginaire qui vise à compenser la frustration.

Les parents d'un tel enfant disent qu'il est égoïste, qu'il n'est pas affectueux. Ils soulignent notamment qu'il peut se trouver séparé d'eux pendant plusieurs jours sans souffrir de leur absence, sans leur donner de ses nouvelles et sans les réclamer.

De même, ledit enfant ne manifeste guère d'affection pour ses frères et sœurs. Il arrive même qu'il se comporte comme s'il ignorait leur existence; ainsi le garçon de l'Obs. 20 avait très mal accepté la naissance de sa petite sœur et avait réagi par une totale indifférence, à ce point qu'il avait oublié le prénom de la fillette et qu'il était incapable de se souvenir des cadeaux qu'elle avait reçus à la fête de Noël pourtant toute proche.

A l'école, l'enfant narcissique se montre peu communicatif avec le maître, s'isole, en classe comme aux récréations, et ne se fait pas de camarades, ou bien il joue au caïd et veut imposer sa loi aux autres.

II. SURVALORISATION DE SOI

L'amour exclusif de sa propre personne aboutit à une *survalorisation du Moi*, que *Karen Horney* qualifie aussi très justement d'*inflation du Moi*, ce qui veut dire que le sujet se donne une valeur supérieure à sa valeur réelle, qu'en conséquence il s'aime et s'admire pour des valeurs qui n'ont pas de fondement adéquat, et qu'il attend des autres amour et admiration pour lesdites valeurs.

Cette survalorisation peut s'exprimer à la fois sur le *plan corporel* et sur le *plan psychique.*

Sur le *plan corporel*, les narcissiques sont amoureux de leur propre corps : ils attachent un très grand prix à leur beauté corporelle, à leur toilette, à leur costume, et ils en prennent un soin excessif. Ils veulent par là plaire, et qu'on les admire. Mais chez certains d'entre eux prévaut le désir d'être beau ou bien paré, non pour les autres, mais pour eux-mêmes, pour leur propre plaisir.

Le surinvestissement du corps a aussi une autre conséquence : c'est de déterminer une hypersensibilité à toutes les influences, se traduisant par des signes de souffrance disproportionnés aux actions agressives du milieu et aux atteintes réelles. Cette hypersensibilité se ramène à ce que nous avons mentionné comme *sensibilité de vigilance au service de l'instinct de conservation*; c'est donc un phénomène biologique. Elle s'exprime cliniquement par ce qu'on appelle l'*hypocondrie*. Il convient d'ajouter que la frustration exalte souvent l'agressivité, et que celle-ci, par le choc en retour du talion, éveille dans l'âme du sujet des sentiments de culpabilité, appelant un besoin de souffrance expiatoire, ce qui intensifie encore l'hypocondrie. Par exemple, un enfant en proie à une intense agressivité fraternelle qu'il n'ose exprimer ouvertement, pourra, par retrait narcissique, développer des malaises physiques, lesquels auront d'ailleurs très souvent le bénéfice secondaire de ramener vers lui la sollicitude des parents.

Sur le *plan psychique*, la survalorisation s'exprime par un sentiment exagéré de la valeur de l'intelligence et des aptitudes, un orgueil extrême, et corrélativement une tendance à dévaloriser autrui par rapport à soi-même.

Il est habituel que cela s'accompagne d'une euphorie et d'une exubérance de manifestations extérieures qui évoquent ce qu'on appelle en médecine l'*hypomanie.*

On assiste ici à un retour au stade primaire où régnait un sentiment confus de *toute-puissance magique*. Mais comme la réalité ne cesse d'y contredire, il est habituel que le sujet, dans cette situation, se réfugie dans des fantasmes de puissance et de réalisation de désirs, qu'il se garde bien toutefois de confronter avec une réalité trop décevante à ses yeux.

On imagine aisément que, sans ce contrepoids frénateur de la réalité, cette survalorisation puisse déboucher dans la *mégalomanie*. Le fait est fréquent, on le sait, dans les psychoses, qui présentent sous une forme extrême cette coupure avec le monde humain et le repli autistique sur soi. Mais il est remarquable qu'on peut l'observer aussi à l'état pur, en l'absence de tout délire. Tel est par exemple, le cas célèbre de la jeune *Marie Bashkirtseff*, relaté par elle-même dans son *Journal*. Agée de 13 ans, elle écrivait :

« *J'aime la solitude devant une glace. C'est peut-être bête de se louer tellement; mais les gens qui écrivent dépeignent toujours leur héroïne, et je suis mon héroïne à moi. Heureusement ou malheureusement, je m'estime un tel trésor que personne n'en est digne, et ceux qui osent lever les yeux sur ce trésor sont regardés par moi comme à peine dignes de pitié. Je m'estime une divinité. A peine pourrais-je traiter d'égal un roi.* »

Et ailleurs : « *Depuis longtemps, je sais qu'il n'y a rien au monde de plus beau que mon corps, et que c'est un vrai péché, une infamie de ne pas me faire sculpter ou peindre. De pareilles beautés ne peuvent appartenir à personne en particulier; c'est comme un musée qui est ouvert à tous les yeux.* »

Cette jeune fille est un exemple typique de l'action des frustrations parentales sur un tempérament prédisposé. Elle fut en effet, abandonnée toute petite par son père, qui prit une autre femme, dont il eut des enfants naturels; et de cet abandon, *Marie B.* lui en voulut toujours, écrivant notamment dans son *Journal* : « *Je lui ai dit, à mon père, que je ne veux pas aller le voir, que je ne veux rien avoir de commun avec lui, qu'il m'est inutile.* » Si l'on ajoute que ses rapports avec sa mère étaient très tendus, parce qu'elle la rendait responsable du départ de son père, comme il est fréquent en pareil cas, on n'aura pas de peine à voir dans cette double frustration les raisons du retrait narcissique de cette jeune fille.

III. LES FANTASMES

Le mouvement de recul qui fait revivre les stades premiers fait aussi *prévaloir le principe de plaisir sur le principe de réalité*. Il en résulte que toute réalisation *progressive* d'un but, laquelle, on le sait, requiert temps et efforts, est ici exclue. On veut être satisfait tout de suite et sans effort, comme par l'effet d'une baguette magique. Mais cela n'est possible qu'en rêve, et l'on voit alors chez les narcissiques la *vie fantasmatique* remplacer plus ou moins complètement la vie réelle, avec cet avantage apparent que les insuffisances du sujet, son incapacité à faire face à ses problèmes, se trouvent compensées par des fantasmes de puissance.

Les exemples en sont innombrables. On verra, en particulier au Livre II, le cas de ce petit garçon (Obs. 36) qui, de petite taille et de santé fragile, était souvent en butte aux persécutions des autres écoliers et qui, se trouvant, avec notre *test P.N.*, mis en présence de l'image de *la Fée*, lui fit aussitôt un sort privilégié, et vit dans la baguette magique « le plus beau cadeau du monde », grâce auquel il déclarait pouvoir faire disparaître par enchantement tous ses ennemis.

Autre exemple. Nous avons connu une jeune femme dont toute l'enfance avait été tourmentée par le fait qu'elle était trop grosse (ses camarades l'appelaient par dérision « la grosse »). A ce point qu'aujourd'hui encore, elle hésite parfois à entrer dans un magasin, de peur de s'entendre dire par la vendeuse : « Nous n'avons pas de robe à votre taille ». Mariée, elle se plaint du manque de tendresse de son mari, et quand, le soir, au lit, il se met à lire son journal ou bien s'endort tout de suite, elle éprouve un pénible sentiment de frustration. Alors elle se laisse aller à des rêves éveillés qui, tous, convergent vers le même thème : « elle se voit à la cour de princes étrangers; elle a un très beau corps, parfaitement bien fait; elle est brillante d'intelligence; tout en elle est parfait, et elle est entourée d'une cour pressante d'hommes qui ont pour elle des sentiments admiratifs et tendres, sans que cela aille jamais au-delà d'un regard ou d'une parole » (elle n'imagine jamais qu'ils puissent être ses amants). Autre thème habituel de ses rêveries : « elle se voit menant une vie indépendante, se débrouille remarquablement seule, monte à cheval, avec culottes et bottes, va au grand galop, saute des obstacles, et cela toujours seule ». Interrogée à ce propos sur l'animal qu'elle voudrait être, elle dit : « un cheval, un cheval sauvage, aux jambes fines, avec une grande crinière, parce qu'il est beau et libre. » Ce dernier fantasme s'explique par compensation à une frustration, son mari n'ayant jamais voulu accéder à son désir de travailler au-dehors et d'être indépendante.

IV. LA SOUFFRANCE DE LA RUPTURE
DES LIENS AFFECTIFS

Nous avons, plus haut, mis l'accent sur l'indifférence affective des sujets en retrait narcissique. Mais disons-le tout de suite pour qu'il n'y ait aucune méprise : *cette indifférence n'est qu'apparente*; elle est, comme on l'a vu, une attitude de défense contre les affects dépressifs, lesquels subsistent dans la profondeur. Comme le dit excellemment *Viderman* : « *Le retrait narcissique est négativité et manque, et il traduit, plus encore que l'amour de soi, la déception d'amour ressentie.* »

Nous en eûmes un jour un exemple, tout à fait remarquable dans sa schématique simplicité, chez un petit garçon de 6 ans qui, hospitalisé pour une affection douloureuse, répétait sans cesse : « Moi, mon chéri. » On finit par lui demander ce qu'il voulait dire, et il expliqua : « Quand personne ne vous aime, on est bien obligé de s'aimer tout seul. » Cette phrase est un leit-motiv fréquent chez les narcissiques, dont la plainte constante est : « Personne ne m'aime. »

Chez beaucoup donc, c'est *plainte*; chez d'autres, c'est *revendication*. Ainsi un garçon de 9 ans, placé pour quelque temps dans une famille amie (« ça lui est bien égal de nous quitter » disaient à cette occasion ses parents), téléphone chez lui et demande à sa mère : « As-tu pensé à moi depuis que je suis parti ? » et, sur sa réponse affirmative, il poursuit d'un ton peu amène : « Pourquoi ne m'as-tu pas écrit ? », ajoutant : « Passe-moi papa » pour exprimer à celui-ci, dans les mêmes termes et sur le même ton, la même revendication. On remarquera que ce garçon ne manifeste dans son appel aucune tendresse pour les siens, que son propos est entièrement centré sur lui-même, sur ce que les autres lui doivent et non pas lui. Soulignons encore qu'il ne fait aucune différence entre sa mère et son père, vus tous les deux dans une optique identique de dispensateurs obligés de protection (absence de différenciation qui, comme on le verra, signe l'absence de l'Œdipe).

On saisit ici, sous-jacente à l'indifférence apparente, *une quête affective constante*. Nous avons dit plus haut que le narcissique recherche la solitude, mais c'est loin d'être toujours le cas.

D'une part, il est au contraire assez fréquent qu'un tel enfant requière la présence constante des siens, spécialement de sa mère, refuse de se séparer d'elle, lui « colle » littéralement après, mais ne manifeste cependant à son égard aucun élan généreux et va jusqu'à se comporter avec elle d'une manière agressive, voire injurieuse.

D'autre part, il est des sujets qui, ayant réagi à une forte déception affective par le retrait et la fuite dans la solitude, ruminent tout le temps de leur fugue le désir nostalgique qu'on se mette à leur recherche, et trouvent un apaisement à leur déception dans la pensée qu'ils auront ainsi la preuve — laquelle leur manquait — qu'on les aime et qu'on se soucie d'eux.

V. LE RETRAIT NARCISSIQUE DEPRESSIF

On vient de voir que, derrière l'euphorie et l'indifférence apparente des narcissiques, se dissimule en profondeur un vide affectif souvent générateur d'un malaise dépressif.

Il est des cas où ce malaise dépressif s'intensifie au point d'être au premier plan de la scène clinique, autrement dit où l'investissement de sa propre personne est *l'investissement d'un Moi coupable et malheureux*. La tendance à la survalorisation de soi est présente, ici encore, mais d'une manière en quelque sorte négative; le narcissique euphorique était tout; le narcissique dépressif n'est rien, ou presque rien; il est de tous le plus méprisé, le plus incompris, le plus malheureux.

Nous en verrons plus d'un exemple au Livre II. Ainsi, la petite *Lisbeth* (Obs. 24) qui, dans un test de personnalité passé à l'âge de 8 ans, met en scène un héros exclu par les siens, qui n'a d'autre défense que de gémir et de pleurer, mais elle se refuse à en assumer le rôle parce qu'une situation si malheureuse, qui lui rappelle la sienne dans sa petite enfance, lui cause une angoisse insupportable. Une transformation se produit cependant dans sa personnalité, et à l'âge de 11 ans, avec le même thème général, mais atténué, nous la voyons faire un retrait narcissique et s'identifier alors complètement au héros malheureux de son histoire.

Ainsi encore (Obs. 32) *Evelyne*, 16 ans, dont les parents se sont très peu occupés durant ses cinq premières années, projette sur le héros du test toute son histoire personnelle, le voit évincé de la famille, faisant maintes tentatives infructueuses pour rentrer en grâce auprès des siens, et pour finir, elle s'identifie à lui sans réserve, avec l'attendu qu'il est le plus malheureux de tous, mais *le plus sympathique* à cause de cela même.

Parmi les personnages illustres, on trouve de ce narcissisme dépressif un remarquable exemple chez le philosophe religieux danois *Kierkegaard*. Ce narcissisme s'est manifesté avec force dans toute sa vie d'auteur. Son biographe dit de lui : « *Il est auteur et rien d'autre. Il y voit sa vocation et met son honneur à s'en acquitter. Il vit chez lui, en plein Copenhague, comme dans un cloître. Il reçoit rarement, sinon jamais. Il n'a pas d'amis; il n'a que des connaissances. Il ne semble pas avoir eu besoin de familiers ni d'intimes.* » On trouve un bel exemple d'attitude narcissique dans la réponse que le philosophe fit à sa fiancée, avec laquelle il avait rompu, ne voulant pas s'engager dans les liens du mariage; comme elle lui demandait : « Ne voudras-tu jamais te marier ? » il lui répondit : « Si ! dans dix ans, quand le feu de la jeunesse sera passé, *il me faudra* (sic) une demoiselle au sang jeune pour me rajeunir ... cruelle nécessité ! »

Son biographe souligne à plusieurs reprises le « sentiment extraordinairement accusé qu'il avait de lui-même ». Mais ce grand destin auquel le philosophe se croit voué est un destin chargé d'angoisse : « *Depuis longtemps,* écrit son biographe, *Kierkegaard nourrissait la pensée qu'il doit y avoir dans chaque génération quelques individus destinés à être sacrifiés pour le bien de leurs semblables. D'après lui il avait eu de bonne heure le pressentiment qu'il était destiné à devenir l'une de ces victimes.* » Et ailleurs : « *L'idée qu'il avait d'être un exemple, un homme différent de tous les autres ... sa pensée morbide qu'il différait de tous et qu'il était l'exception vouée au sacrifice* » (cfr Analyse de ce cas au Livre III).

CHAPITRE IV

VERS UN APPROFONDISSEMENT DE LA NOTION DE RETRAIT NARCISSIQUE

Nous avons dit précédemment les raisons pour lesquelles nous nous refusons à employer le mot « narcissisme » (avec l'adjectif *primaire*) pour désigner l'état de plénitude vitale du nourrisson qui, s'il est centré essentiellement sur l'amour de soi, n'en renferme pas moins en puissance, dès le début, toutes les possibilités d'échanges affectifs et d'amour d'autrui.

Nous avons critiqué de même les notions similaires de complétude narcissique, de blessures narcissiques, d'apports narcissiques du milieu. Ainsi encore, lorsqu'on dit à propos des pulsions, que dans son progrès normal vers la maturation, le Moi « les intègre en les narcissisant », c'est encore et toujours la même erreur que l'on commet *en confondant narcissisme et force d'expansion vitale*, erreur qui contribuerait beaucoup, si elle était maintenue, à nous empêcher de comprendre la signification profonde du véritable narcissisme : *le narcissisme secondaire*.

On a vu que cette force de vie, telle que l'hérédité la fournit à chaque enfant, n'est pas à elle seule suffisante pour assurer l'évolution, qu'elle doit être doublée par l'apport constant des nourritures du milieu, apport réalisé surtout, on le sait, par le truchement de la mère.

Dans cette perspective, il faut considérer que les fonctions de l'organisme enfantin se développent, chacune à leur tour, sous la poussée de l'impulsion héréditaire, mais qu'elles ne connaîtront leur plein épanouissement que si leur développement est étayé par l'entourage, c'est-à-dire si elles sont *investies par toute la charge affective que comporte l'approbation de leur exercice.* Que si au contraire ce soutien leur manque, si elles sont désinvesties, les fonctions ne se développent pas bien et peuvent même alors *s'inhiber* de manière durable.

La grande difficulté, c'est que chaque fonction a un développement autonome, et que le problème essentiel pour le Moi, instance organisatrice et unificatrice, c'est d'*intégrer toutes les pulsions partielles en une individualité solide,* comme on l'a vu déjà au chapitre premier.

Il revient au même de dire qu'au début de la vie, le corps de l'enfant est *physiologiquement morcelé,* qu'il ne forme pas un tout nettement individualisé, et que d'autre part ses limites sont imprécises, en grande partie confondues avec celles du milieu environnant.

La nécessaire intégration des fonctions ne peut se réaliser qu'avec l'aide de l'entourage, spécialement l'aide de la mère, dont l'amour encourage l'enfant à la fois dans la réalisation de soi et dans la conquête du monde. Mais ce n'est pas seulement la *bonté permissive* des parents qui joue ici; c'est aussi leur *fermeté interdictrice,* et nous avons montré dans ce sens qu'il est des frustrations nécessaires à la maturation.

Comme on l'a vu, en effet, c'est seulement par les frustrations que l'enfant acquiert la notion d'un monde séparé de lui-même, monde avec lequel désormais il ne sera plus confondu comme il l'était au début de son existence, mais avec lequel pourront s'établir des relations. *Moi et Non-Moi se créent ainsi par leur action réciproque*, et ne sont pas successifs dans le temps, mais simultanés. On conçoit par là qu'on ne puisse les isoler l'un de l'autre, et que *la relation soit primordiale*, plus essentielle que les éléments qu'elle relie [1].

C'est donc *la relation qu'un enfant a avec sa mère qui le fonde dans son existence d'individu*, dans l'intégration de ses fonctions, et c'est également cette relation qui va lui donner le sentiment de la réalité du monde qui l'entoure.

I. RUPTURE DE LA RELATION ET ETAT DEPRESSIF

En conséquence, lorsque les relations affectives viennent à faire défaut — que ce soit par suite de graves frustrations, ou par un manque d'élan vital initial, ou par peur des pulsions — la puissance de l'expansion vitale native ne suffit pas, en tout cas ne suffit pas longtemps, à maintenir à son niveau normal le sentiment de valeur indispensable à tout être pour progresser. Il se produit alors une chute de ce sentiment de valeur, de l'estime de soi, de l'élan vital et de la joie de s'accomplir; *cette chute, c'est l'état dépressif.*

Il importe de souligner que, dans cet état particulier, les capacités d'intégration du Moi s'affaiblissent, ce qui entraîne *ipso facto* doute de soi et *craintes relatives à l'intégrité du corps.* Il faut ajouter que les frustrations suscitent l'agressivité contre les parents frustrants, et que

---

[1] Dans son livre *L'erreur de Narcisse,* Lavelle dit très justement : « Le Moi tient toute son existence de l'objet qu'il connaît et de l'être qu'il aime. Il faut donc qu'il sorte de soi pour connaître et pour aimer, c'est-à-dire pour se donner à lui-même cette existence qu'il avait d'emblée la prétention de saisir. Alors seulement, il découvre le secret de la connaissance et le secret de l'amour. »

cette agressivité, se retournant contre l'enfant lui-même de par la loi du talion, vient encore accroître les craintes qu'il a d'être détruit.

Nous avons fait voir que c'est pour échapper aux angoisses de l'état dépressif que le sujet suspend alors ses relations avec l'entourage, s'isole narcissiquement, et davantage même qu'il tente de *surcompenser ses craintes* par une affirmation outrée de sa valeur propre.

II. AMOUR DE SOI INAUTHENTIQUE

C'est en cela que le narcissisme nous apparaît comme *un amour de soi inauthentique*.

Si l'on se réfère aux affirmations premières de *Freud*, on pourrait penser que, comme l'écrivait celui-ci : « *L'estime normale du Moi et la surestimation du Moi des narcissiques sont des phénomènes du même ordre, la différence entre elles étant purement quantitative.* » Mais une psychanalyste américaine, *Karen Horney*, s'est inscrite en faux contre cette opinion, et nous faisons nôtre son point de vue lorsqu'elle dit : « *Cette différence est au contraire qualitative : la véritable estime du Moi repose sur les qualités qu'une personne possède réellement, tandis que l'inflation du Moi lui fait s'affirmer devant lui-même et devant les autres des qualités et des exploits sans fondement réel.* » Et elle ajoute que : « *Précisément, c'est quand l'estime du Moi et les autres qualités appartenant au Moi spontané du sujet se trouvent étouffées qu'on peut voir surgir, par compensation, les tendances narcissiques ... c'est pourquoi l'estime du Moi et l'inflation du Moi s'excluent mutuellement.* »

Dans le même sens, *Viderman*, après avoir dit que « *la régression narcissique nous convainc moins de l'amour que le sujet se porte à lui-même que de l'amour déçu qu'il* portait à l'objet », souligne que « *la recherche de la toute-puissance par le recours à l'imaginaire ludique ou magique, chez l'enfant et le primitif, laisse voir son envers : l'insécurité, l'impuissance et la négation par le refuge dans l'illusion défensive* ».

Il convient d'aller plus loin encore. Selon *Karen Horney* : « *Freud pense que la raison pour laquelle un narcissique n'aime pas les autres est qu'il s'aime trop lui-même, car il conçoit le narcissisme comme un réservoir qui se vide dans la mesure où le sujet aime les autres, c'est-à-dire leur fait don de sa libido.* » Mais, objecte-t-elle : « *Un narcissique est aussi isolé de lui-même que d'autrui; c'est pourquoi dans la mesure même où il est narcissique, il est incapable de s'aimer lui-même, tout aussi bien que d'aimer autrui.* » Et elle conclut : « *Le narcissisme est une expression, non de l'amour du Moi, mais de l'aliénation du Moi* [2]. »

Il est très remarquable de noter que la même opinion a été formulée du point de vue religieux par l'*évangéliste Jean* en ces termes : « *Nous savons que nous sommes passés de la mort à la vie parce que nous aimons nos frères. Celui qui n'aime pas demeure dans la mort.* »

Il nous faut ici nous pencher à nouveau sur le *mythe de Narcisse*. Nous l'avons dit déjà : c'est son corps seul que le jeune homme contemple, et même ce n'est que le reflet de son corps dans le miroir de l'onde. Il importe de saisir dans toute sa profondeur la signification symbolique de ce mythe : il y a de l'anxiété dans cette contemplation de *Narcisse*, l'angoisse de savoir si son corps demeure intact, s'il n'est pas en voie d'altération.

---

[2] Lavelle dit aussi : « Narcisse s'aliène à lui-même; il est hors de soi, d'un seul coup étranger, et étrange à ses propres yeux ... Lui qui vit, qu'a-t-il besoin de cette image de sa propre vie, qui est faite pour les autres et non pas pour lui ? »

Janine Chasseguet-Smirgel souligne très justement à ce propos que : « *Le besoin d'inflation narcissique est lié à des peurs profondes de destruction du corps et de castration. L'agrandissement du Moi a la valeur d'une dénégation magique de la castration.* »

L'introduction ici du mot « castration » requiert une explication : l'on doit savoir que la crainte de castration, liée à la culpabilité de la phase sexuelle du développement, est souvent le substitut d'une crainte plus profonde et plus ancienne, qui est la crainte de la destruction du corps par morcellement. La partie est ici prise pour le tout, et réciproquement le corps qu'on contemple avec amour et inquiétude est symbolique du phallus dont on veut sans cesse s'assurer de l'intégrité.

Ces considérations expliquent, comme nous l'avons dit déjà, que, *derrière l'aspect positif apparent du narcissisme se décèle un aspect négatif* : le doute, le manque de confiance en soi, la peur de la solitude.

Ce qui le montre bien, par exemple, c'est la très grande *susceptibilité* des narcissiques, leur crainte de la moindre critique, que celle-ci porte sur leur beauté corporelle ou sur leurs facultés mentales. Dès qu'on cesse de les admirer *inconditionnellement* et qu'on exprime quelque doute sur leur valeur, ils réagissent par la colère ou par l'effondrement dépressif.

Un autre signe du même ordre est qu'ils se refusent toujours à mettre leur valeur à l'épreuve de la réalité : ils s'estiment capables de réaliser ceci ou cela, mais en fait ils ne le réalisent pas, ou bien cèdent à la première difficulté, et ils accusent alors leur manque de chance ou l'action malveillante de l'entourage.

III. LA QUETE DE LA RELATION AFFECTIVE

C'est dire encore que le processus de défense par retrait narcissique est fragile, et qu'il suffira de peu de chose pour le remettre en cause.

Notamment, comme on l'a vu, l'état dépressif qui résulte de la rupture des relations affectives est toujours présent, quoique refoulé, et transparaît en filigrane derrière les attitudes forcées de valorisation narcissique.

Viderman écrit à ce propos : « *Si tel apparaît le narcissisme, il s'ensuit que, loin d'être la négation de l'objet, il est exigence d'une relation à l'objet; il est besoin de l'objet en tant que celui-ci fonde et assure la propre existence du sujet ... Les sociologues le savent et depuis longtemps le disent qu'il n'y a pas d'existence humaine possible en dehors d'une organisation sociale, quelque rudimentaire qu'elle soit ... L'homme seul, l'homme abstrait est une des illusions du 18e siècle ... a fortiori, il n'y a pas d'existence individuelle concevable sans l'existence d'un objet.* »

Comme nous l'avons souligné déjà au chapitre précédent en parlant de la souffrance de la rupture, il persiste toujours, sous-jacente à l'affirmation orgueilleuse de soi, *une quête affective constante* qui se révèle de manières très diverses : tantôt sous la forme d'une dépendance passive vis-à-vis des nourriciers; tantôt sous la forme d'une revendication d'amour agressive; tantôt sous la forme de réaction dépressive ou de troubles hypocondriaques.

IV. LE PROBLEME DU DOUBLE

Cette quête de la relation affective est évidemment une tentative pour échapper à la solitude narcissique qui, comme nous l'avons dit, est « mortelle ».

Mais il est facile de comprendre que, dans de nombreux cas, cette tentative échoue, puisque précisément, c'est l'impossibilité d'une relation affective qui a suscité le retrait affectif et tend à le maintenir.

On voit alors souvent le sujet être conduit, pour pallier l'angoisse de la solitude, *à se créer un double*.

Cela peut se produire dès le plus jeune âge, et il est frappant de constater la grande fréquence avec laquelle les petits enfants ont besoin d'un *compagnon-fétiche* dans certains moments difficiles de leur existence, tout particulièrement au moment du coucher, où ils vont se retrouver, la maman leur ayant dit bonsoir en les quittant, dans la solitude de leur petit lit. Ce compagnon-fétiche, c'est un petit ours en peluche ou une poupée, objets familiers, souvent défraîchis, mais auxquels l'enfant est attaché depuis longtemps. Ce peut être moins que cela, un morceau de jouet, un chiffon, souvent sali parce qu'il a traîné partout, mais auquel l'enfant, sans que nous sachions pourquoi, tient « comme à la prunelle de ses yeux », au point que si d'aventure l'objet-fétiche est perdu, l'enfant montrera une anxiété tout à fait disproportionnée à la perte et ne pourra s'endormir. Certains indices nous montrent même que l'enfant s'est identifié audit objet; ainsi, l'un d'eux, ayant par accident mouillé son lit, dit le lendemain matin que c'est son ours qui a fait pipi.

C'est donc que cet objet-fétiche est fortement *investi*, et que l'enfant le considère comme un *double*. Il est à remarquer d'ailleurs que c'est dans les moments où l'enfant se trouve seul, sans sa mère, qu'il a absolument besoin de son fétiche, et que, d'autre part, l'attachement persistant au fétiche (même après des années) se voit surtout chez les enfants ayant été privés d'amour.

En ce qui concerne les enfants plus grands, nous avons dit que, dans la situation de retrait narcissique, ils ne se font pas de camarades. Mais cela n'est pas exact dans tous les cas. Certes, un enfant narcissique a beaucoup de difficultés à se lier, à établir une communication avec les autres et il n'aura jamais un grand nombre de camarades. Il lui arrive cependant de se faire un *ami de choix*; mais il faut alors remarquer que *ce choix est narcissique*, c'est-à-dire se porte sur un camarade ressemblant en tous points au sujet lui-même par le sexe, par l'âge, par les goûts, en un mot un camarade qui soit un double de lui-même, ou, ce qui revient au même, son image dans un miroir (cfr le cas de l'Obs. 11).

On comprend sans peine qu'un tel choix représente un effort positif pour échapper à la solitude narcissique, qu'il se situe à mi-chemin entre l'amour narcissique de soi et l'amour objectal. On sait combien cela est fréquent à l'adolescence et que, à cet âge, cela marque pour beaucoup d'individus une étape transitoire avant la maturité sexuelle complète. On sait aussi que, lorsqu'un tel choix persiste au-delà de l'adolescence, il peut aboutir à l'*homosexualité*.

Voici un exemple typique, qui fera bien saisir la valeur compensatrice du double et son rôle transitoire possible pour l'accession à la maturité. Une fillette de 8 ans, benjamine de six, se trouvait assez isolée au sein de sa famille de par le fait qu'elle était née six ans après son frère aîné et ne pouvait par conséquent participer aux jeux des autres. A l'école aussi elle avait beaucoup de peine à se faire des camarades, la plupart des élèves étant d'un milieu social très différent du sien. Il advint alors que, dans la solitude de sa chambre, cette fillette s'était créé un double en se regardant dans la glace, lui parlait, l'entretenait de ses projets, sans être toutefois dupe de sa réalité. Plus tard, à 10 ans, ayant changé d'école et s'étant alors trouvée dans un milieu qui lui permettait des échanges, elle se fit des camarades et, à partir de ce moment-là, elle abandonna complètement son double.

Nous avons dit plus haut que le double ressemble en tous points au sujet lui-même, qu'il est sa réplique dans un miroir. Il faut toutefois remarquer qu'il peut dans certains cas n'être pas du même sexe que le sujet. Il y a lieu alors d'admettre que cela dépend d'une forte *ambivalence sexuelle*, le sujet projetant son second sexe au-dehors de lui-même, dans son double. On verra un exemple dans l'obs. 32, qui concerne une jeune fille de 16 ans, consultant pour un état dépressif léger, avec angoisses. Cette jeune fille a toujours eu un caractère timide, secret, se confiant peu aux siens et s'estimant toujours incomprise. En classe, elle ne s'est pas fait de camarades. Adolescente, elle ne se montre pas coquette et ne recherche pas la compagnie des garçons. Aînée de trois, ayant 2 frères plus jeunes qu'elle, elle a eu à subir de fortes frustrations de la part de parents peu aimants, et elle en a ressenti un sentiment persistant d'abandon, avec des réactions agressives d'hostilité, particulièrement contre son père, qui est souvent brutal avec elle. Prise en psychothérapie par la méthode du « *rêve éveillé* » *de Desoille*, cette jeune fille donne fréquemment un même thème où, se trouvant seule dans un petit bateau (il faut dire que la voile est son sport préféré) et jouissant de sa solitude, elle rencontre à un moment donné un jeune homme de son âge, également seul dans son bateau, se lie avec lui pour quelque temps (d'autant qu'il est parfois amené à lui prêter assistance), puis s'en sépare, avec une certaine impression de regret, d'action inachevée, et reprend sa navigation solitaire. Elle souligne que ce jeune homme « lui ressemble comme un frère ».

Nous verrons au *Livre II* que, le processus en question étant inconscient, il faut souvent, pour le mettre en évidence, faire appel aux *tests de projection*. En particulier, nous donnerons le cas exemplaire (Obs. 18) d'une fillette dont les parents ont divorcé quand elle avait 6 ans, et qui, gravement traumatisée par l'abandon de son père, nous a fait à l'âge de 10 ans un *dessin de famille* où elle s'investit déjà narcissiquement en se représentant en premier (fig. 24). Mais, alors que, dans ce dessin, elle reste attachée à son père, lui-même uni à la mère (ce qui signifie que la fillette nie le divorce), à l'âge de 16 ans, elle nous a fait un second dessin (fig. 25), où se montre avec éclat le *retrait narcissique* : elle s'y place en effet, en premier, à son âge actuel, mais elle met les parents très à distance, donc nettement séparés d'elle. Or, nous l'avons, entre temps, vue devenir de plus en plus réservée, distante, très « princesse lointaine ». Ce qui est bien particulier aussi dans ce second dessin, c'est que la jeune fille dessine à côté d'elle un jeune homme du même âge, qui ne peut être interprété que comme un double, puisque dans la réalité, elle n'a pas de frère (elle n'a qu'une sœur, figurée d'ailleurs dans le dessin).

V. LES CHOIX NARCISSIQUES

Le problème du double contribue beaucoup à nous éclairer sur certains choix qui paraissent au premier abord objectaux, alors qu'ils sont narcissiques.

Les exemples en sont nombreux. Ainsi, nous avions coutume, dans notre consultation de pédopsychiatrie, pour éprouver le degré de jalousie fraternelle d'un enfant, de lui poser l'insidieuse question : « Aimerais-tu avoir un petit frère ? » Les deux réponses les plus fréquentes étaient : la première un « Non ! » catégorique, qu'il n'est évidemment pas besoin de commenter; la seconde une réponse affirmative, et si l'on demandait alors : « Un petit frère de quel âge ? », dans un nombre important de cas, il nous était répondu : « De mon âge »; et si l'on interrogeait l'enfant sur le pourquoi, il disait toujours : « Pour pouvoir jouer avec. » Une telle réponse est remarquablement significative : un enfant du même âge, qui choisit les mêmes jeux et a les mêmes goûts, c'est évidemment un double. Ce désir d'apparence objectale est donc en fait un choix narcissique.

Nous saisissons dans cet exemple l'*essence même du choix narcissique,* qui réside en ce que le sujet ne s'intéresse à l'objet de son choix que dans la mesure où la possession de celui-ci peut apporter d'accroissement au sentiment de sa propre valeur; il ne s'agit donc pas de donner, mais de recevoir, et de recevoir quelque chose d'un autre soi-même.

Par exemple, on pourrait penser qu'au moment où ils vont aborder la puberté, les enfants qui aiment partager la société et les jeux de ceux de l'autre sexe font déjà un choix objectal amoureux. Mais très souvent il n'en est rien : les garçons qui s'écartent de leur sexe et recherchent la société des filles, et les filles qui pareillement s'écartent de leurs congénères et recherchent la société des garçons, ont en réalité un comportement qu'on peut qualifier d'homosexuel, car il indique l'existence en eux d'une forte composante de l'autre sexe, qui les pousse à fréquenter ceux qui leur ressemblent.

Freud a fait remarquer que même *les choix amoureux peuvent être des choix narcissiques.* Cela apparaît avec une grande évidence dans l'*homosexualité* de l'adulte. Ainsi, l'homme homosexuel est souvent identifié à une mère frustrante, et il se comporte comme il aurait désiré que sa mère se comportât avec lui, se choisissant comme objets d'amour des jeunes gens qui lui ressemblent, en les aimant avec toute la tendresse dont il aurait voulu être lui-même aimé; par ce truchement, *il jouit d' être aimé par lui-même.*

Mais cette identification à une mère frustrante peut aussi aboutir à un *choix hétérosexuel* qui, quoique paraissant objectal, est aussi narcissique que le choix homosexuel. En pareil cas, l'homme qui, durant son enfance et son adolescence, aimait s'imaginer en fille, deviendra plus tard amoureux des filles en lesquelles il voit des incarnations de lui-même et qu'il traitera comme il aurait aimé être traité par sa mère; il n'aimera donc pas ses partenaires féminines en tant que femmes, mais *en tant que partie féminine de son propre Moi.*

Les mêmes remarques peuvent être faites pour *le sexe féminin.* Ainsi, certaines jeunes filles, frustrées gravement par leur père, s'identifient à lui et deviennent homosexuelles, se choisissant pour objets d'amour des jeunes filles qui sont des doubles d'elles-mêmes, et se comportant avec elles comme elles auraient souhaité être traitées par leur propre père.

On a fait remarquer aussi que cette tendance au choix narcissique se retrouve dans l'*attrait incestueux entre frère et sœur,* du fait de leur ressemblance et des liens étroits qui les unissent dès la plus tendre enfance.

Il convient de mentionner encore les cas où le choix amoureux peut apparaître de prime abord comme très éloigné d'un choix narcissique du fait qu'il y a un très grand écart entre le sujet et l'objet qu'il se choisit, mais où, à l'analyse, il se révèle que le sujet, *ayant projeté son narcissisme sur un Idéal du Moi,* se lie à un partenaire qui incarne cet idéal. C'est ainsi par exemple qu'on voit des hommes élevés dans leur enfance par une mère castratrice, ayant introjecté en Idéal l'imago maternelle, porter leur choix amoureux sur des femmes du même type que leur mère; cela est fréquent en particulier chez des alcooliques de caractère faible, qui épousent des femmes de caractère très autoritaire.

Après ces remarques, on est fondé à penser que l'opposition établie par *Freud* entre le choix amoureux objectal et le choix narcissique doit être nuancée, car il y a souvent dans les choix les plus objectaux en apparence un élément important de narcissisme.

VI. L'IDEOLOGIE DE GROUPE

Nous venons de parler de l'Idéal du Moi sur lequel se projette le narcissisme du sujet.

Il convient ici de distinguer ce qu'on pourrait appeler l'*Idéal du Moi maturatif*, qui correspond à l'introjection progressive de la puissance parentale, par un processus d'évolution qui demande temps et effort — et ce qu'on pourrait appeler l'*Idéal du Moi magique*, où l'évolution est escamotée, pour accéder d'emblée et sans effort à la puissance par un processus magique.

Annie Reich donne de cette opposition un exemple simple : l'identification magique est celle de l'enfant qui tient le journal *comme* son père et s'imagine par là *être* son père; l'identification maturative est celle de l'enfant qui apprend à lire pour devenir grand, pour *devenir* comme son père.

L'Idéal du Moi magique s'observe notamment dans beaucoup de groupes idéologiques, lorsque le leader du groupe, véritable sorcier, propose à ses adeptes d'acquérir une maturité et une puissance, non par la *voie longue* de l'évolution progressive, mais par la *voie courte* de l'identification à lui-même, à sa mystique. Ici encore, nous sommes amenés à considérer que les membres de tels groupes sont unis, non par une relation véritable, mais par un Idéal du Moi narcissique.

CHAPITRE V

LE COMPORTEMENT
DES NARCISSIQUES

Nous avons déjà examiné au Chapitre III, d'une manière en quelque sorte analytique, les signes par lesquels s'exprime le retrait narcissique. Nous allons ici en faire la synthèse en montrant comment le retrait narcissique détermine le *comportement*.

Nous devrions dire « les comportements », car, comme on l'a vu, la symptomatologie du retrait narcissique est complexe. Certes, on y constate toujours l'élément essentiel, qui réside dans le retrait de la libido sur le Moi, résultat d'une rupture partielle ou complète des relations affectives avec l'entourage. Mais à cet élément essentiel s'associent des signes très variés : les uns tiennent aux facteurs qui ont déterminé le retrait, et au stade de développement où ils ont exercé leur action; les autres relèvent du tempérament particulier du sujet, et notamment de sa force d'expansion native qui lui permet ou non d'échapper au blocage de sa vie affective.

Même, nous verrons que, chez des êtres particulièrement doués, le retrait narcissique peut être un facteur de fécondité créatrice, comme nous le montrerons par l'étude de quelques grands hommes.

En termes de comportement, nous allons ci-après distinguer les *attitudes affectives* et les *aptitudes intellectuelles.*

I. ATTITUDES AFFECTIVES

Un trait de caractère ne manque jamais chez les narcissiques : c'est l'*égocentrisme*, le centrage sur soi de la vie affective et, corollairement, le peu d'intérêt qui est montré pour autrui; cela se traduit aussi chez eux par une gêne à établir des relations : ils sont distants, timides, maladroits socialement; ils se taisent ou, s'ils parlent, ne parlent que d'eux-mêmes.

Mais, à partir de là, deux types de sujets se différencient, jusqu'à même s'opposer :

Les *premiers* rompent avec la société, recherchent la solitude, sont secrets, distants, peu communicatifs, ne voulant dépendre que d'eux-mêmes, se débrouiller tout seuls, et regardent comme une intrusion insupportable toute tentative d'autrui pour leur apporter de l'aide. Ils appartiennent le plus souvent à un type morphologique *Rétracté tonique.*

Les *seconds*, par contre, ressentent la solitude comme une exclusion et cherchent sans cesse à rétablir les relations rompues. Ils se plaignent souvent qu'on ne les aime pas. Et tantôt, ils s'accrochent à quelque substitut maternel, dont ils vont dépendre d'une manière tout à fait passive, ne poursuivant que le seul but d'en recevoir des gratifications. Tantôt, la plainte devient revendication, avec une note agressive d'exigence insatiable. Ils appartiennent alors à des Types morphologiques marqués d'*atonie, Dilatés* ou *Rétractés.*

Mais ce qui est bien caractéristique, c'est que tous ces sujets *veulent être aimés sans donner en retour* : il n'y a pas échange, aucun don mutuel; les narcissiques veulent être aimés pour eux-mêmes, *inconditionnellement*, c'est-à-dire quelle que soit leur attitude envers l'entourage et leur conduite. Ils veulent de même qu'on les admire et qu'on les loue, et la moindre critique est interprétée par eux comme le signe qu'on ne les aime pas.

Cela est manifeste en particulier dans les relations des narcissiques *avec leur double*. Il est bien évident qu'un être réel ne peut jamais représenter le double idéal, car il a ses goûts personnels, sa manière propre de voir les choses, que l'on doit accepter si l'on veut avoir avec lui des rapports authentiques de sujet à sujet. Mais le narcissique ne pense qu'à lui-même, et il veut que son ami se comporte exactement selon son désir, faute de quoi il se fâche (cfr l'obs. 11 d'Irène). De même, il faut que cet ami soit tout à lui et rien qu'à lui; s'il entretient par exemple des relations affectives avec d'autres, le narcissique ne le supportera pas et lui fera une scène de jalousie. Il en est bien entendu de même dans tous les choix narcissiques, ce qui peut expliquer bien des difficultés des « couples », et qu'un jour la rupture devienne inévitable.

Nous avons parlé de « substitut maternel ». C'est qu'en effet, on a vu que le retrait narcissique est très souvent le résultat d'une frustration d'amour dont la mère est plus ou moins responsable. Pour combler leur vide affectif, les narcissiques sont donc portés à rechercher l'amour d'une personne qui jouera auprès d'eux le rôle d'une mère. Dans le même sens, nous avons vu que les narcissiques ne peuvent se maintenir dans la situation œdipienne, et que, par régression, ils tendent à remplacer la relation triangulaire de l'Œdipe par une relation binaire avec un ou deux personnages parentaux de type nourricier, et cela nous ramène aussi au substitut maternel.

De par leur égocentrisme, les narcissiques *font usage de la projection* beaucoup plus que les gens normaux. Et, par là, projetant sur les autres leurs propres désirs, leurs propres opinions, ils vont jusqu'à voir en eux, non des personnes authentiques dans leur pleine réalité, mais de simples reflets de leur personnalité à eux. Nous l'avons vu déjà en parlant des choix narcissiques : *ce n'est pas l'autre qu'ils aiment, c'est eux-mêmes à travers l'autre.*

Le surinvestissement du Moi fait que les narcissiques *se survalorisent*, s'attribuent des capacités hors de mesure avec leurs possibilités réelles, et ils sont de ce fait souvent vantards. On a vu que cela se traduit aussi dans leur attitude sociale : il est fréquent qu'ils attachent un intérêt excessif à leur apparence extérieure, à leur vêtement, à leur parure; ils se comportent en « dandys », en esthètes, avec parfois, il faut le reconnaître, un goût très vif pour s'entourer de belles choses, goût qui est en quelque sorte la transposition du soin esthétique qu'ils mettent dans leur propre personne. On verra au Livre III que ce dandysme se rencontre assez fréquemment chez les grands hommes, écrivains, poètes, artistes, en contraste assurément avec leur réelle valeur profonde, mais susceptible cependant de contribuer à leur talent en leur donnant le sens des « belles formes ».

Le même surinvestissement du Moi rend les narcissiques *susceptibles* : ils n'acceptent pas les critiques et exagèrent volontiers les torts que les autres peuvent avoir envers eux. Nous avons dans ce sens montré combien il faut être prudent dans l'appréciation des dires de certains enfants, affirmant « que personne ne les aime », car cette affirmation peut fort bien ne pas correspondre strictement à la réalité et traduire seulement l'hypersensibilité du sujet aux frustrations. Sur le même plan se place l'hypocondrie, avec ses plaintes exagérées concernant la santé.

Il nous faut souligner aussi que, chez la plupart des narcissiques, l'*agressivité*, qui pour s'assouvir exige le contact avec autrui, est refoulée, annihilée par l'isolement. Dans nos observations, il est fréquemment signalé que les enfants narcissiques ont peu de rapports avec leurs condisciples et ne se bagarrent jamais. Il arrive alors que leur agressivité soit projetée, et que l'enfant se plaigne qu'on lui en veut, qu'on se montre méchant avec lui (cfr par exemple, l'Obs. 7), tendance qui, lorsqu'elle est constante et très accusée, détermine le *caractère paranoïaque*.

On ne doit pas oublier bien entendu que le retrait narcissique surcompense un état dépressif sous-jacent, jusqu'à l'éteindre sous une euphorie, un sentiment d'exaltation, qui peuvent aller jusqu'à un comportement *hypomaniaque* (cfr Livre III, le Cas Balzac).

Mais il est des cas, dont nous avons déjà parlé et dont nous donnerons plusieurs observations au Livre II, où cette surcompensation échoue, au moins en partie, et où l'on voit s'associer aux signes narcissiques des *manifestations dépressives*. Par exemple, le cas de l'obs. 10 est celui d'une jeune fille présentant des signes très prononcés de névrose d'angoisse, et dont cependant le dessin de famille, euphorique dans son tracé (fig. 10), exprime un surinvestissement narcissique du Moi. On sait qu'en pareil cas, la surcompensation étant fragile, il peut suffire par exemple, d'une simple critique, constituant un rappel de la réalité, pour susciter chez les narcissiques un effondrement dépressif.

Aux signes décrits ci-dessus, il convient d'ajouter tous ceux qui dépendent de la *régression*. Comme on l'a vu, le retrait narcissique signifie d'ordinaire l'abandon de la position œdipienne et le retour à un stade préœdipien, soit le stade oral, soit le stade sadique-anal; il en résulte dans les deux cas une symptomatologie différente. La régression au stade oral donne le *caractère oral*, dont le trait principal est cet état de dépendance passive dont nous avons parlé un peu plus haut, avec recherche d'un substitut maternel gratifiant. La régression au stade sadique-anal, ou stade moteur impulsif, donne le *caractère anal*, avec un comportement turbulent, coléreux, agressif, et une revendication d'amour violente, sans compter les signes physiques régressifs tels que l'encoprésie et l'énurésie.

Enfin, mentionnons comme fréquent chez les narcissiques, en réaction à une frustation ou à la peur des pulsions, le *recours à la fuite*, comme on le verra notamment dans nos obs. 21, 30, 34, 38, qui concernent des sujets, enfants ou adolescents, chez lesquels des *fugues* répétées constituaient le motif principal de la consultation.

II. APTITUDES INTELLECTUELLES

Les aptitudes intellectuelles des sujets en retrait narcissique sont très diverses; mais l'on est surtout frappé, lorsqu'il s'agit de sujets intelligents, du contraste qui existe alors entre la valeur de leurs aptitudes et leur immaturité affective, responsable d'un comportement enfantin. Par voie de conséquence, il existe aussi chez eux un contraste frappant entre le bon niveau de leur intelligence et la médiocrité de leurs réalisations, car l'on constate qu'ils sont le plus souvent incapables d'utiliser efficacement leurs dons naturels.

C'est qu'en effet, leur tendance à se survaloriser les met en porte-à-faux par rapport aux situations réelles. On a vu qu'ils revivent par la régression dans un monde magique de toute-puissance où leur désir seul doit faire loi; c'est-à-dire que, quand ils visent un but, ils croient pouvoir *l'atteindre tout de suite et sans effort*, comme par l'intervention d'une baguette magique. Ils répugnent donc à suivre le processus normal de progression, lequel exige du temps et du travail. Et d'autre part, toute réalisation incomplète, inférieure à ce qu'ils avaient escompté, leur cause une frustration insupportable; de sorte que, s'ils n'obtiennent pas un résultat immédiat et complet, ils préfèrent renoncer à se mesurer avec les difficultés réelles, et leur orgueil leur interdisant de reconnaître leur faiblesse, ils accusent toujours le manque de chance ou bien la malveillance de l'entourage à leur égard.

Cela nous explique que l'*imagination* soit toujours chez les narcissiques plus développée que le sens de la réalité. En effet, pour se consoler de leurs déboires, ils s'abandonnent aux fantasmes compensateurs de puissance et de réussite, et vivent ainsi dans un monde irréel.

Nous savons par le cas de la *psychose schizophrénique* que, lorsque la coupure avec le monde environnant est totale, engendrant cette attitude de fermeture sur soi qu'on appelle l'*autisme*, les fantasmes peuvent prendre complètement la place des activités intellectuelles adaptées, ce qui conduit directement à la *mégalomanie délirante*.

Mais dans les cas que nous rencontrons plus communément, les fantasmes ne se substituent à la réalité qu'épisodiquement, précisément dans les moments où les difficultés de l'expansion vitale provoquent un retrait de soi, et dans ces cas, l'adaptation se trouve naturellement être bien meilleure.

L'enfant à l'école. Le problème du retrait narcissique éclaire bien des *défaillances scolaires* qui ne pourraient s'expliquer autrement. Il s'agit d'enfants qu'on estime intelligents, mais qui ne font pas de progrès, parce qu'ils ne montrent que très peu d'intérêt pour ce qui se fait à l'école, qu'ils sont absents, « dans la lune », absorbés par des rêveries sans rapport avec le moment présent (*distraits-absorbés*). Assurément, on peut observer ce retrait narcissique d'une manière passagère, chez un enfant fatigué ou en période de frustration, et c'est sans importance si cela ne dure pas. Mais la situation est beaucoup plus sérieuse quand le retrait s'établit en permanence, et que les fantasmes en viennent à se substituer complètement à la réalité, car cela détermine un arrêt des progrès scolaires, et une inadaptation qui peut être préjudiciable au développement ultérieur.

Le narcissisme créateur. Il peut sembler paradoxal qu'après avoir souligné les insuffisances des sujets en retrait narcissique, nous puissions accoler au mot « narcissisme » le mot « créateur ». Il est pourtant des cas où le retour au stade enfantin de la toute-puissance magique fait revivre un monde susceptible de nourrir de ses fantasmes la pensée créatrice. Le fait est fréquent chez les grands hommes et, vu son importance, nous lui consacrerons dans cet ouvrage le Livre III.

LIVRE II

LE RETRAIT NARCISSIQUE REVELE PAR LES TESTS DE PERSONNALITE

Nous avons examiné au Livre I les signes par lesquels se révèle le *retrait narcissique*, tant dans l'ordre du caractère que dans l'ordre de l'intelligence et dans le comportement. Nous avons montré également qu'il est souvent possible de déceler directement les facteurs qui ont provoqué ce retrait narcissique, et tout particulièrement les frustrations d'amour.

Toutefois nous avons souligné que, dans un très grand nombre de cas, le processus déterminant le retrait narcissique est en majeure partie inconscient, et qu'en particulier, il est corrélatif d'un refoulement dans l'inconscient des affects dépressifs qui ont suscité son entrée en jeu. C'est dire qu'une part importante du drame conflictuel peut échapper à une enquête effectuée sur le plan conscient.

Pour saisir ce processus à son origine, il nous faut donc explorer les profondeurs de l'inconscient du sujet, et en particulier amener celui-ci à revivre les états d'âme, remontant d'ordinaire à la toute petite enfance, qui ont préludé au retrait narcissique.

Nous avons dans ce dessein fait appel aux tests de personnalité, dits *tests projectifs*, qui facilitent la projection et l'expression des contenus inconscients.

Il est facile, par ces tests, de rendre manifeste l'investissement privilégié du Moi qui est, comme on l'a vu, l'élément central du retrait narcissique.

Nous devons d'ailleurs dire ici que c'est la pratique du test du *Dessin de Famille*, interprété selon une méthode dérivée de la psychanalyse, qui a d'abord attiré notre attention sur la fréquence et l'importance de l'*investissement privilégié du Moi*, objectivé dans ce test par la figuration en première place du corps propre du sujet. C'est de même dans le dessin de famille que nous avons observé avec une certaine fréquence le *phénomène du double*, et qu'il nous a été possible d'en étudier la signification narcissique.

Dans un tout autre domaine d'investigation — celui de notre *Test P.N.* — nous avons été amenés à des déductions qui rejoignent celles du dessin de famille. Ayant élaboré pour ce test une méthode spéciale, dite des *Préférences-Identifications*, et invitant en particulier le sujet testé à se donner un rôle dans chacun des récits qu'il fournit, c'est-à-dire à s'identifier à un des protagonistes de la scène, nous avons constaté que, d'ordinaire, les identifications sont variées, certaines tendances étant assumées, les autres non. Par contre, pour un nombre bien moins important de cas, l'identification est constante, se faisant exclusivement au héros de l'histoire dans tous les récits. Cela nous avait paru au début être le signe d'un Moi fort, d'un Moi qui assume bien. Toutefois, par la suite, nous avons été amenés à reconnaître qu'il s'agissait dans tous ces cas, non d'un Moi fort, mais d'un Moi rigide, incapable d'assumer un autre rôle que le sien, et, ici encore, il nous est apparu que *cette rigidité d'identification est toujours liée à un retrait narcissique*.

Ajoutons que les tests projectifs ne nous font pas seulement découvrir l'investissement exagéré du Moi, mais encore les facteurs affectifs qui sont à l'origine de celui-ci, particulièrement les *frustrations* et les *états d'âme dépressifs* qui en peuvent être la conséquence, et qui ont suscité la défense narcissique. De même, on peut y voir se projeter les difficultés du dépassement de l'Œdipe par *peur des pulsion*s, dont nous avons montré l'importance au Livre I.

Une réserve doit cependant être faite ici : c'est qu'on ne doit pas s'attendre à pouvoir tirer d'un test projectif, pratiqué une seule fois, des conclusions certaines et définitives sur la personnalité du sujet testé. Il ne faut pas oublier qu'un test est une « coupe » instantanée opérée dans l'évolution, et que, si on peut lui demander de nous révéler certains éléments et états d'âme marquants du passé du sujet, il n'en reste pas moins qu'il nous fournit seulement la situation psychique actuelle, la manière dont le sujet assure *aujourd'hui* l'équilibre entre ses tendances et ses défenses du Moi.

Il faut donc, pour avoir une opinion plus certaine, répéter le test à des périodes différentes de la vie du sujet, ce qui conduira à constater tantôt la permanence de certains états psychiques, tantôt leur transformation. Pour les deux tests projectifs dont nous venons de parler, le *Dessin de Famille* et le *Test P.N.*, il n'y a aucune difficulté particulière à leur répétition, comme nous le montrerons.

Il peut être aussi, pour la même raison, très fructueux d'appliquer au sujet plusieurs tests projectifs différents : cela fournit en effet dans beaucoup de cas des *convergences d'indices* qui accroissent la probabilité des conclusions tirées du premier test. Nous le montrerons par de nombreux exemples; c'est ainsi, en particulier, que nous pourrons voir le retrait narcissique indiqué par le dessin de famille confirmé par le test P.N., et vice versa.

Qu'on ne s'attende pas toutefois à ce que cela se produise dans tous les cas. Ni la technique projective employée pour ces deux tests n'est identique, ni leur niveau projectif n'est comparable. La comparaison des deux n'en est souvent que plus fructueuse, comme révélant des aspects complémentaires de la même personnalité.

CHAPITRE I

LE RETRAIT NARCISSIQUE
DANS LE TEST
DU DESSIN DE FAMILLE

Ce Test, bien connu, est très simple à pratiquer, ne nécessitant qu'une feuille de papier et un crayon.

Dans notre pratique personnelle du Test, pour faciliter la projection, nous ne demandons pas au sujet : « Dessine ta famille », comme il est habituel de le faire; mais nous lui disons : « Dessine une famille que tu imagines, une famille de ton invention, avec tous les personnages que tu voudras. » Cette consigne a l'avantage d'être plus libératoire, de mieux permettre au sujet de projeter dans les personnes dont il compose sa « famille imaginaire » ses attraits et ses rejets profonds.

Nous avons proposé pour ce test une *interprétation de type psychanalytique*, basée sur l'*investissement* des personnages figurés [1]. C'est ainsi que *le personnage représenté en premier est le plus investi*, c'est-à-dire le plus chargé d'admiration et d'amour, celui à la place duquel le sujet

---

[1] Cf. notre ouvrage sur *Le test du dessin de famille*, P.U.F., dont quelques-uns des dessins reproduits dans la présente étude ont été extraits.

voudrait être, donc celui auquel il désire dans son cœur s'identifier. Les personnages dessinés ensuite le sont dans l'ordre décroissant des investissements; pour la plupart des sujets (tous les droitiers et une bonne partie des gauchers), cet ordre distribue les personnes de la famille de gauche à droite de la feuille.

Cet investissement préférentiel s'exprime, outre la position du personnage dans le dessin, par d'autres caractères :
1. par la taille qui lui est donnée;
2. par le soin apporté à son dessin, sa finition, la façon dont il est agrémenté de détails supplémentaires (ou colorié, si l'enfant s'est servi de crayons de couleur);
3. par la place centrale que le personnage occupe, par exemple le fait qu'il est l'objet de l'intérêt ou de l'admiration des autres;
4. par le rôle qu'il joue dans la famille, rôle défini par l'entretien qui fait suite au dessin;
5. par la déclaration du sujet qu'il s'y identifie.

A l'opposé, le *désinvestissement* d'un des personnages s'exprime :
1. par la place dévalorisée qu'il occupe dans le dessin, soit tout à fait en dernier, soit au-dessous des autres;
2. par la réduction insolite de sa taille;
3. par le manque de soin avec lequel il est dessiné, les déformations ou les parties du corps manquantes (mains ou pieds ou traits du visage);
4. par le peu d'intérêt qui lui est porté et par le fait que, d'après l'entretien, il est dévalorisé par le rôle qu'il joue dans la famille;
5. par le fait qu'il n'est pas pour le sujet un objet d'identification.

Pour interpréter un dessin de famille imaginaire, il faut toujours s'enquérir de la composition de la *vraie famille*, afin de comparer les deux. Cela permet en particulier de savoir éventuellement quels personnages réels le sujet n'a pas fait figurer dans son dessin, et qui sont donc désinvestis au maximum — et d'autre part de repérer s'il y a lieu les *personnages surajoutés*, dont nous aurons à souligner l'importance.

Nous avons dit que le premier personnage dessiné est l'objet d'un investissement préférentiel; l'on peut en déduire qu'il représente toujours une *identification de désir*.

Cependant, lorsque, selon notre pratique du test, une fois le dessin terminé, on demande à l'enfant de dire « qui il serait s'il faisait partie de cette famille-là ? », il ne s'identifie que dans un tiers des cas au premier personnage dessiné. Ce chiffre relativement faible paraît en contradiction avec ce que nous venons d'affirmer. C'est qu'en fait on n'est plus sur le même plan : lorsqu'il fait son dessin d'une famille selon son désir, l'enfant donne libre cours à ses tendances; mais quand ensuite on l'interroge, la défense du Moi intervient et souvent pour censurer la tendance, c'est-à-dire pour interdire l'identification correspondant au désir. Nous pouvons donc par cette méthode apprécier les conflits qui se produisent entre tendances et défenses; par exemple, un garçon qui a figuré en premier un bébé (fig. 2) ou une fillette (fig. 3) pourra après coup en éprouver de la honte et se rejeter vers l'identification à un personnage masculin, père ou garçon.

I. INVESTISSEMENT NARCISSIQUE

Quand, pour une des causes qui ont été étudiées au Livre I, il se produit une rupture plus ou moins complète des relations avec les parents et un retrait narcissique, l'investissement privilégié se fait sur un enfant, lequel figurera donc en premier dans le dessin de famille.

Ces cas sont à vrai dire relativement peu fréquents. En effet, dans le cours normal du développement, on l'a vu, les inévitables frustrations de l'enfance déplacent du jeune sujet sur ses parents l'apanage de toute-puissance, et peu à peu, les idéaux et les interdits parentaux sont *introjectés* dans la personnalité de l'enfant, y constituant une instance nouvelle, l'*Idéal du Moi* (les idéaux) encore appelé *Surmoi* (les interdits). Par là, on l'a vu, l'enfant accède au principe de réalité et se conforme aux règles éducatives qu'on lui impose. On ne doit donc pas être surpris de ce que, d'ordinaire, dans le dessin de famille, les parents, objets d'admiration, d'amour et de crainte pour l'enfant, soient investis d'une manière toute privilégiée. Le fait est que, dans les 600 dessins de famille que comporte notre étude (en nombre égal de garçons et de filles), les parents figurent en premier dans 85 % des cas; le plus souvent, c'est le père (53 %), surtout bien entendu chez les garçons; la mère ne figure que dans 32 %, et ce surtout chez les filles, comme il est normal.

Remarquons que cette identification aux parents n'a pas toujours la même signification. Il est des cas où elle est *structurante*, c'est-à-dire contribue à édifier la personnalité dans un sens de maturation, et elle a alors la signification d'une résolution œdipienne, le garçon s'identifiant à son père, la fille à sa mère. Mais il est fréquent aussi que cette identification ait le sens d'une *identification au puissant* (*A. Freud* dirait « à l'agresseur »), celui qui possède la toute-puissance dont l'enfant est démuni; on peut l'affirmer presque à coup sûr lorsqu'il s'agit d'une identification au parent de l'autre sexe, au père pour les filles, à la mère pour les garçons. Ces deux types d'identification n'ont évidemment pas la même valeur au point de vue de la maturation de la personnalité.

Il reste donc, statistiquement, 15 % des cas où l'investissement des parents est remplacé par l'investissement privilégié d'un enfant, signe caractéristique, on l'a vu, d'un retrait narcissique. Cela est sensiblement plus fréquent chez les garçons (18 %) que chez les filles (12 %), et cette différence est très probablement en rapport avec une tendance plus marquée à la défense par isolement dans le sexe masculin.

Notons en passant que l'enfant figuré en premier est dans la majorité des cas (les 2/3 environ) du même sexe que le sujet, le tiers restant, où l'enfant s'identifie à l'autre sexe, posant un problème dont nous reparlerons.

Nous avons souligné au Livre I que le retrait narcissique présente une symptomatologie variable selon les autres processus qui s'y associent. Nous avons montré en particulier qu'il est très souvent corrélatif d'une *régression* qui reporte l'enfant à un âge plus tendre. Ces variations se retrouvent dans le dessin de famille, et leur analyse nous permet de comprendre le dynamisme particulier de chaque personnalité.

On doit dans ce sens distinguer plusieurs *types d'identification :*

Le premier est l'*identification de réalité*, au personnage qui, dans le dessin, représente le sujet, dont il a l'âge et le sexe; « c'est moi », dit l'enfant en le dessinant. Si ce personnage est le premier figuré, nous sommes dans les conditions typiques du retrait narcissique sans conflit entre le désir et la censure du Moi.

Obs. 1 — Ainsi, le cas d'*Angéla*[2], jeune fille de 15 ans, aînée de quatre filles, que nous avons examinée au décours d'une crise schizophrénique. On notera que son

---

[2] Soulignons ici, à propos de cette première observation, que tous les prénoms donnés dans ce livre sont d'emprunt, pour les raisons de secret professionnel que le lecteur comprendra.

Angéla   Catherine   Martine   Véronique   Papa   Maman

Fig. 1

dessin (fig. 1) reproduit la famille réelle, et notamment les 4 filles dans l'ordre hiérarchique des âges; mais ce qui est frappant, c'est l'investissement en premier du sujet lui-même, et par contre le rejet en dernier du couple des parents, le père étant quelque peu dévalorisé par sa taille plus petite et par son absence de mains. On remarquera aussi l'isolation de tous les personnages, séparés par de larges intervalles. L'observation complète de cette jeune fille est donnée au chapitre II, paragraphe V, à propos de son test P.N. où le retrait narcissique se marque aussi par une forte identification au héros.

Le second type est l'*identification de désir* (ou de ten-dance) à un personnage d'enfant que le sujet voudrait être. Il s'agit en quelque sorte d'un *narcissisme déplacé*, en général lié à une sous-estimation dépressive du sujet lui-même et à la surestimation d'un autre enfant de la famille ou d'un personnage fictif idéal.

Le plus souvent, cette identification de désir est *régres-sive*, pouvant aller jusqu'à faire figurer en situation privi-légiée un bébé.

Obs. 2 — En voici un exemple typique : Il s'agit d'un garçon de 15 ans, qui placé dans une pension du fait de la carence de ses parents, a fait une fugue pour aller retrouver ses grands-parents, lesquels l'avaient beaucoup entouré quand il était petit. Ajoutons à cela qu'il est très enfantin dans ses réflexions et dans sa conduite. Il nous a figuré à deux reprises, à quinze jours d'intervalle, le même dessin de famille (fig. 2) où le personnage investi en premier est un bébé au maillot (on remarquera qu'il a les traits du visage d'un jeune homme), objet de l'admiration conjointe de ses parents et de ses grands-parents. Après avoir dit qu'il ne voudrait pas faire partie de cette famille-là (par honte), il a avoué *son désir d'être le bébé*. Gravement

Fig. 2

frustré par le départ de son père et, ensuite par la conduite dissolue de sa mère, ce garçon a donc fait un retrait narcissique, mais avec une forte régression à l'âge où il était « sa majesté le bébé ».

Il advient, comme nous l'avons vu un peu plus haut dans le cas d'Angéla (fig. 1), qu'en dépit de la consigne très permissive de dessiner « la famille qu'on imagine », le sujet, obéissant strictement à la règle du réel, reproduise sa propre famille. Mais on peut quand même tirer d'un tel test des conclusions intéressantes, en s'appuyant sur la distribution des personnages, sur l'ordre dans lequel ils sont investis. Voici par exemple :

Obs. 3 — Un garçon de 12 ans, qui nous est amené pour ses mauvais résultats scolaires, en dépit de sa bonne intelligence; il est donné comme constamment distrait et très lent dans son travail, signes fréquents de retrait narcissique, comme on l'a vu. Il met dans son dessin (fig. 3), ses deux sœurs et son frère, en leur donnant leurs noms.

5 - Chantal, 16 ans
fait ses devoirs

4. Pascal, 14 ans
joue au ballon

6 - Moi

2 : M. qui fait à manger
36 ans

1 - Viviane
4 ans

3 - Le Père
34 ans
lit le journal

Fig. 3

Mais on notera qu'il a figuré en premier la petite sœur Viviane, âgée de 4 ans, puis les parents, puis le grand frère de 14 ans, puis la grande sœur de 16 ans, puis Moi. Ce désinvestissement relatif de son propre personnage nous indique qu'il ne se sent pas bien dans sa peau et qu'il voudrait être à la place de la petite sœur; il déclarera d'ailleurs, en dépit du réel, s'identifier à celle-ci, avec l'attendu qu'on est tranquille et qu'on s'amuse bien quand on est petit.

Il est des cas plus complexes, dont l'interprétation n'est pas moins fructueuse, bien au contraire. Voici par exemple :

Obs. 4 — Paul, garçon de 14 ans, qui ne travaille guère en classe, mais, s'appuyant sur sa force physique de sujet bien bâti, joue volontiers au caïd; et cependant c'est un garçon sans volonté, et, par exemple, quoiqu'étant très jaloux de son frère, de 2 ans son aîné, il le copie en tout et sollicite constamment son aide. La mère est une femme

Fig. 4

autoritaire, de type frustrant, et, de surcroît, *Paul* a été privé de sa présence de 5 à 7 ans, parce qu'elle était alors soignée en sana. Le père est un brave homme, mais débonnaire et dominé par sa femme. Le dessin de famille de ce garçon est curieux (fig. 4). Il figure dans l'ordre : une fille de 16 ans, le père, la mère, puis, revenant à gauche, un petit garçon de 10 ans qui, est-il dit, est gâté par sa maman. Invité à s'identifier, *Paul* dit vouloir être la fille de 16 ans, figurée en premier. Or ni cette fille, ni le petit garçon n'existent dans sa famille à lui, puisqu'il n'a qu'un frère aîné. Si l'on remarque que la fille de 16 ans est dessinée exactement comme la mère, aussi grande qu'elle, et qu'elle a d'autre part l'âge du frère, on est amené à penser qu'elle représente pour *Paul* un Idéal fusionnant mère et grand frère. Quant au petit garçon, il représente une seconde identification de désir, le désir régressif d'être un enfant gâté par sa mère, mais avec cette restriction qu'il n'est pas ici comblé du tout, puisqu'il est à grande distance de la mère. On est en droit de conclure à une forte ambivalence entre ces deux identifications, l'une voulue, à un personnage fort, l'autre inconsciemment désirée, mais rejetée par le Moi, à un personnage faible. Il faut ajouter que ce personnage d'identification est une fille; on peut donc penser que *Paul* projette ici sa composante féminine, laquelle doit être assez marquée, si l'on en juge par ses attitudes et sa voix qui sont par plus d'un trait féminines. Et il apparaît alors que sa conduite de caïd auprès de ses camarades est *une conduite réactionnelle, qui vise à compenser un doute profond concernant sa virilité.*

Nous en trouvons une confirmation dans les thèmes de *son T.A.T.* Il s'y exprime une forte agressivité, mais toujours associée à un sentiment de culpabilité écrasant. Il y figure fréquemment un couple mari-femme, toujours en voie de désunion, et c'est toujours l'homme qui se conduit mal, est fainéant, buveur ou même criminel. Cette dévalorisation du sexe masculin a pour contrepartie une valorisation de la femme, épouse ou mère, laquelle a toujours le rôle noble. *Paul* va jusqu'à dire devant l'*image 3* (sujet affaissé à côté d'un divan) qu'il s'agit d'un criminel en prison et il ajoute : « Il a honte de ce qu'il a fait... Il pense qu'on aurait dû lui couper les mains avant, qu'il sera toujours un pauvre type. » Ces thèmes traduisent l'ambivalence profonde de *Paul*. Il se projette dans les deux éléments du couple : la figure masculine, mal adaptée, veule ou impuissante ou criminelle; la figure féminine, stable et bien adaptée.

Si nous revenons au dessin de famille, nous devons remarquer que la figure féminine d'identification est bien mise en valeur, qu'elle a le même aspect et la même taille que la mère et que, loin d'être une figure régressive, comme il est fréquent, elle est au contraire progressive (16 ans). L'identification de *Paul* est donc une identification au *Surmoi maternel* ou à un *Idéal du Moi féminin*. Mais, par une telle identification, le garçon se trouve en situation d'*Œdipe inversé*; en tant qu'homme, il est dévalorisé, il est « châtré », comme l'exprime très nettement son T.A.T., où, comme on l'a vu, l'homme est toujours un pauvre type. Paradoxalement, on pourrait dire que *ce n'est pas en tant qu'il s'identifie à une femme que Paul est un impuissant viril, mais en tant qu'il s'identifie à un homme*. Il reste qu'il est incapable de se maintenir au niveau de cet Idéal du Moi et qu'il retombe souvent en arrière, chute régressive qui est figurée dans le dessin par le petit garçon de 10 ans.

Mais ni dans le dessin, ni dans le TAT, nous ne voyons paraître l'*identification au caïd* qui se manifeste dans la conduite habituelle; elle est artificielle, nous l'avons dit, et partant fragile. La véritable personnalité de ce garçon, nous ne la trouvons donc pas dans son attitude forcée de chaque jour, mais bien plutôt dans la révélation que nous apportent ses tests.

II. LE PROBLEME DU DOUBLE

On a vu que le retrait narcissique, quoique appelé à compenser l'angoisse dépressive, peut lui-même engendrer une autre angoisse : celle de la solitude et du vide affectif, et que la quête d'un substitut affectif valable conduit souvent le narcissique à se donner un *double*.

Ce *double*, nous le trouvons assez souvent figuré dans le dessin de famille, comme *personnage surajouté*, c'est-à-dire forgé de toutes pièces par l'imagination du sujet, et n'appartenant point par conséquent à la famille vraie.

Nous ne retiendrons ici que les cas où l'enfant et son double sont représentés en premier. Notons que sur nos 37 cas de retrait narcissique chez la fille, le double figure dans 12 cas, c'est-à-dire le tiers; il est moins fréquent par contre chez le garçon, puisqu'on ne l'observe que dans 11 cas sur 53, soit le cinquième. Ces chiffres sont sans nul doute en rapport avec la difficulté plus grande du sexe féminin à supporter la solitude.

La caractéristique du double dans le dessin de famille, c'est qu'il est toujours placé dans la proximité immédiate du personnage qui représente le sujet, très souvent même étroitement uni à lui, par exemple, lui tenant la main. De plus, le couple du sujet et de son double est à une certaine distance des autres personnages, notamment des parents; il arrive même, comme dans les figures 6, 7 et 8, que les parents ne figurent pas.

La *figuration d'un double* n'est toutefois pas sans certains traits particuliers qui conduisent à différencier 4 cas :

1. Dans une première série de cas, *le double est un jumeau*, c'est-à-dire un personnage du même sexe et du même âge que le sujet [3].

2. Dans une seconde série, *le double n'est pas du même âge* que le sujet; il est plus âgé ou plus jeune. L'investigation psychologique nous explique cette situation, en nous révélant que l'âge du double est pour le sujet un âge significatif, correspondant à une étape de sa vie qui a pour lui une importance toute particulière.

3. Dans une troisième série, *le double n'est pas du même sexe*; nous sommes conduits alors à nous poser la question de l'ambivalence sexuelle du sujet et de la signification possible de celle-ci.

4. Dans une quatrième série, qui chevauche sur les précédentes, le double n'est pas la pure et simple réplique du sujet; il assume des tendances que le sujet n'a pu réaliser lui-même dans sa vie et qui peuvent même être opposées à son caractère habituel.

1.   Voici trois cas où le double est donné comme jumeau.

Obs. 5 — La figure 5 est le dessin d'une *jeune fille de 15 ans*, quatrième de 6 enfants, qui a toujours mal supporté la présence de ses frères et sœurs et a toujours eu un caractère personnel et exclusif, intolérant aux frustrations. Lorsqu'à l'âge de 12 ans, on a voulu la mettre en pension, elle a pleuré tant et tant qu'on a dû renoncer. Depuis l'âge de 13 ans, cela s'aggrave : la jeune fille est irritable, susceptible, cherche à s'isoler, ne veut plus sortir et ne se fait aucune amie.

---

[3] Il est à remarquer par contre que la majorité des vrais jumeaux, quand ils se projettent dans le dessin de famille, ne font pas figurer leur jumeau.

Fig. 5

Elle se dessine en premier à gauche, avec une « jumelle » dont elle tient la main, puis le couple des parents au centre, puis à droite le frère et la sœur aînés, pour terminer en bas et à gauche par une petite grand-mère. Elle élimine donc une bonne partie de sa fratrie, mais se donne un double.

La signification de ce double se trouve éclairée par les thèmes d'un autre test, le *test de Symonds*, où la jeune fille oppose presque constamment deux adolescents, généralement du même âge, de même sexe ou de sexe différent. Il s'agit, d'un côté, de dévoyés, de délinquants, ou bien de jeunes gens pauvres ou malheureux ou malades; de l'autre, de jeunes gens aux bons sentiments qui veulent ramener les autres dans le droit chemin ou qui, riches, veulent faire servir leur richesse à aider les pauvres. Elle s'identifie toujours en profondeur au personnage défavorisé, avec un désir secret de lui porter secours. Les issues sont d'ailleurs optimistes : toujours la bonté triomphe. Au cours de l'entretien qui suit ce test, la jeune fille convient qu'elle se nourrit sans cesse de rêves et que, dans ses rêves, elle se donne le rôle de celui qui secourt. « J'aimerais, dit-elle, que tous les enfants soient heureux », et l'on saisit ici qu'elle projette son propre désir de l'être elle-même.

Obs. 6 — La figure 6 concerne une *fillette de 8 ans*, qui consulte pour dyslexie. C'est une enfant unique, de bonne intelligence, mais qui présente une immaturité affective et un retard important du langage. Il apparaît qu'elle a manqué d'affection, sa mère étant dans le commerce et

Fig. 6

souvent absente. Elle n'aime pas être seule et recherche des camarades; mais elle déclare égoïstement qu'elle ne veut pas de petit frère ni de petite sœur.

Dans son dessin, elle s'investit en premier et se donne un double, sous la forme d'une « copine » de son âge. Que signifie la petite copine de 2 ans et demi, qui est également un personnage surajouté ? peut-être un autre double, exprimant la nostalgie des premières années. Il y a lieu de souligner que les parents ne figurent pas, ou plutôt ne figurent que sous l'aspect « protecteur » de la maison, appelée d'ailleurs « maison de moi ».

Obs. 7 — La figure 7 est le dessin d'un *jeune homme de 16 ans*, nanti de deux sœurs, l'une plus âgée, l'autre plus jeune que lui, lesquelles ne figurent pas dans le dessin, non

Fig. 7

plus que les parents. On y voit donc deux garçons, donnés comme ayant 16 ou 17 ans, dont il nous est dit que ce sont des cousins ou des frères, avec toutefois la remarque critique qu'à leur âge ils ne devraient pas se tenir la main. On notera qu'ils sont parfaitement symétriques l'un de l'autre, comme s'ils se regardaient dans un miroir.

Cliniquement, ce garçon intelligent, et qui réussit à peu près dans ses études, est affectivement très immature; il a toujours gardé une énurésie nocturne. Il a un caractère égoïste, hypersensible, jaloux et exclusif, en forte rivalité avec ses parents et ses sœurs. A l'école, il prétend que ses condisciples lui en veulent, et il ne se fait aucun ami. Il est, à mesure qu'il avance en âge, de plus en plus solitaire, et l'on est en droit de faire quelque réserve sur ses possibilités d'adaptation ultérieure.

2.   Quand *le double est d'âge différent*, c'est qu'au retrait narcissique s'adjoint un autre mécanisme, en général régressif, exprimant le désir du sujet d'être reporté à une période de sa vie plus heureuse.

Obs. 8 — Ainsi, *Madeleine, fillette de 10 ans*, seconde de sept enfants, n'en figure que deux dans son dessin de famille (fig. 8); encore les âges de ces deux fillettes, 8 ans et 2 ans, ne correspondent-ils pas à des âges de la vraie fratrie. On pourrait penser que *Madeleine* s'identifie ici à la plus grande, la plus proche d'elle par l'âge, et il est en effet probable qu'elle s'est représentée dans cette fillette-là. Mais, interrogée, elle dit vouloir être la plus petite, parce que celle-ci est, dit-elle, la préférée de tous, du papa, de la maman et de la grande sœur.

Ce désir correspond à ce que nous savons du comportement de *Madeleine*, qui, quoique intelligente, ne travaille pas en classe, est indolente, passive, rêveuse, et exprime à

Fig. 8

divers reprises l'idée qu'on est bien plus heureux petit, parce qu'on est plus choyé.

L'absence des parents dans le dessin est aussi très significative des frustrations occasionnées par les nombreuses naissances, et que *Madeleine* a mal supportées. Il faut reconnaître que ce sont de très braves gens, mais d'une moralité très stricte et sans doute par là d'une grande sévérité. Ils nous disent que *Madeleine* aime beaucoup ses petits frères et n'en a jamais été jalouse; mais nous avons de bonnes raisons de penser le contraire, et que, ne pouvant manifester ouvertement sa rivalité fraternelle, la fillette a réagi par une régression avec identification aux rivaux nouveau-nés.

(On en verra plus loin un autre exemple : le cas de *Catherine*, Obs. 14.)

3. Quand *le double est de sexe différent*, cela pose le problème d'une forte composante féminine chez le garçon,

d'une forte composante masculine chez la fille, ce dont il importera de découvrir l'origine.

Obs. 9 — La figure 9 est d'*un garçon de 12 ans, Louis,* qui a des difficultés scolaires et des angoisses fréquentes, à quoi s'associaient quelques signes d'immaturité — énurésie nocturne et ectopie testiculaire — qui ont disparu depuis un an.

Son dessin figure en premier un garçon de son âge, donné comme le plus heureux, parce qu'il peut faire du ski, le préféré de Louis et son identification déclarée. En second, une fille de 10 ans qui ne correspond à rien dans la vraie fratrie et qui est donnée comme la moins heureuse parce qu'elle doit jouer toute seule. En troisième, un petit

Fig. 9

neveu de 2 ans qui existe en vrai et que *Louis* aime beaucoup. En quatrième, un personnage de type paternel, mais qui est appelé Monsieur et qui est dit le moins gentil, parce qu'il ne veut pas qu'on aille partout. Ce dessin s'explique : *Louis* a pu l'année dernière pour la première fois aller en colo à la montagne (du fait de la disparition de son énurésie), et il en a été très heureux. Toutefois il ne s'est pas encore détaché complètement de son passé, et il se donne un double féminin qui le représente dans sa condition antérieure de garçon-fille énurétique et obligé de « jouer tout seul ». Il se peut aussi qu'il se figure encore dans son identification à son petit neveu, avec lequel il joue volontiers, et ceci pourrait correspondre à certaines attitudes régressives de *Louis*, qui suce encore son pouce. Enfin, le père, très éloigné des enfants, est nettement dévalorisé : c'est un « assis », et il est appelé « monsieur ». Quant à la mère, elle est absente, ce qui ne laisse pas de surprendre. Mais nous avons, pour expliquer ce fait, une convergence d'indices importante, car, dans *le test P.N.*, le héros se trouve dans une situation de frustration qui provoque son départ de la maison, et, un peu plus tard, la mère, étant morte, est remplacée par un substitut, la chèvre. Ce thème insolite nous a conduit à faire une enquête clinique plus approfondie, et nous avons appris alors que les relations affectives de *Louis* avec sa mère ne sont pas bonnes. Il est possible que, venu tard, 8 ans après le frère qui le précède (il est le benjamin de 5) il n'ait pas été désiré; en tout cas sa mère est sévère et censure ses moindres écarts, et cela pourrait expliquer sa rupture avec elle, se projetant dans le désir de l'éliminer et de la remplacer par un substitut maternel plus gratifiant.

Obs. 10 — La figure 10 nous donne un autre exemple de double de l'autre sexe, cette fois chez *une fille de 15 ans,*

Fig. 10

Danielle, atteinte de *névrose d'angoisse* et craignant sans cesse de mourir.

Son dessin commence par une fille de 13 ans, très bien mise en valeur, comme on peut le voir, qui sera déclarée la plus gentille et à qui Danielle s'identifie. Sont placés ensuite à bonne distance la mère et le père. Pour finir, la jeune fille dessine dans l'espace laissé libre un garçon de 10 ans qui est le moins gentil; « cela se voit, dit-elle, à son regard méchant ».

Or, *Danielle* est la troisième de 4 filles, dont la dernière a précisément 13 ans, et elle n'a pas de frère. Donc, elle se situe régressivement, à l'âge de sa plus jeune sœur, à une époque où elle n'était pas malade. Quant au garçon de 10 ans, c'est un *personnage surajouté*, qu'on est donc en droit de considérer comme représentant une tendance de la jeune fille, mais interdite et projetée; c'est *un double*. Nous sommes éclairés sur sa signification possible par le *test P.N.*, dans lequel *Danielle* s'identifie à un garçon de 10 ans, fils unique, nanti de deux amies-filles de 9 ans. Ce garçon est méchant, n'obéit pas, se bagarre, veut partir et fait montre d'une curiosité indécente à l'égard de l'intimité de ses parents. Aux *Préférences-Identifications*, *Danielle* refuse d'en assumer le rôle, et elle s'identifie par contre six fois à la fille, donnée comme la plus gentille parce qu'elle obéit bien à ses parents. Il se trouve qu'à deux reprises, il est dit que ce garçon a « un mauvais regard », tout comme le garçon du dessin de famille.

Revenant au dessin de famille, on ne peut qu'être frappé du fait qu'en apparence ce dessin n'exprime en aucune manière l'anxiété qui tourmente la jeune fille. La façon dont le personnage d'identification est dessiné exprime au contraire un grand contentement de soi. On est donc conduit à penser que la défense du Moi a joué ici pour neutraliser l'anxiété dépressive, par le processus du retrait narcissique. Mais les pulsions agressives fortement culpabilisées (et qui provoquent l'angoisse de mort constatée cliniquement), refoulées, sont projetées sur un personnage créé de toutes pièces et qui représente la composante masculine de la jeune fille.

Obs. 11 — Voici encore le cas d'*Irène, fillette de 12 ans*, qui a un frère de 3 ans et demi plus jeune qu'elle. Elle nous est amenée pour des difficultés scolaires, un manque d'attention et de persévérance dans son travail, contrastant avec une imagination brillante qui s'exprime dans les contes qu'elle écrit.

Son dessin de famille (fig. 11) commence par un *couple d'enfants*, fille et garçon, qui jouent au ballon; *Irène* donne à la fille 10-11 ans, et au garçon 11-12 ans. Puis elle figure à gauche, très isolé, un garçon de 1 an; ensuite, dans le bas, le couple des parents, mais en buste seulement; et

Fig. 11

pour finir, à droit, une fille de 5-6 ans qui regarde. La parenté des âges de la fille et du garçon, et le fait qu'ils jouent ensemble indiquent qu'*Irène* s'est donné un *double masculin.* Cela est à rapprocher de la Clinique : *Irène* dit souvent qu'elle voudrait un autre frère de son âge ou un peu plus âgé; elle ajoute qu'elle préfère la société des garçons à celle des filles, parce qu'ils sont plus francs. D'autre part, elle a un excellent camarade-garçon de son âge, qu'elle aime bien parce qu'il lui fait toutes ses volontés; quand il ne le fait pas, elle se fâche.

Dans le dessin, la personne la plus gentille est la mère, et c'est elle qu'*Irène* préfère. Le moins gentil, c'est le garçon de 11 ans, parce qu'il est coléreux et quelquefois frappe; il est probable qu'*Irène* projette sur ce double ses propres défauts de caractère. La plus heureuse, c'est la fille, parce qu'elle s'occupe du bébé; ce bébé est un personnage surajouté, de même que la fille de 5 ans; sans doute représentent-ils tous les deux des identifications d'*Irène*, son désir d'être plus petite; mais il est à remarquer qu'ils sont tout à fait isolés; cela pourrait sans doute signifier qu'*Irène* s'est toujours sentie solitaire au sein de sa famille. Elle dit souvent qu'on ne l'aime pas; pour qui connaît les parents, cette allégation ne paraît pas exacte; peut-être s'explique-t-elle par le fait qu'*Irène*, née chétive, se nourrissant très mal jusqu'à l'âge de 6 ans, ayant toujours un caractère opposant, a dû être hypersensible aux inévitables frustrations de l'existence et y a réagi par un retrait narcissique.

III. RETRAIT NARCISSIQUE ET COMPLEXE D'ŒDIPE

Nous avons souligné au début de ce Livre II qu'il est souvent possible de découvrir, dans la projection, quels sont les facteurs responsables du retrait narcissique. En particulier, la manière dont est réalisé le dessin de famille permet, dans un certain nombre de cas, de différencier le retrait narcissique par frustration et le retrait narcissique par peur des pulsions. Pour parvenir à cette différenciation, il faut considérer au premier chef *la place donnée aux parents dans le dessin*. Une remarque préalable doit ici être faite : c'est que, hormis les cas peu fréquents où les parents ne figurent pas dans le dessin, ils sont dans nos observations représentés tels qu'ils sont, nettement caractérisés par leurs différences sexuelles dans la morphologie comme dans le costume, et reconnus comme étant les parents du sujet. Nous savons donc par là que l'enfant a vécu sa situation œdipienne, et tout le problème est de savoir s'il a pu ou non la dépasser.

Dans *une première série de cas*, les parents sont figurés proches du sujet, parfois même liés à lui. On est alors en droit de penser qu'ils ne sont pas cause directe de frustration, que des relations affectives avec eux ne sont pas rompues, bien qu'elles soient relâchées. Il est fréquent

Fig. 12

en pareil cas que la frustration majeure, celle qui a déterminé le retrait, soit due à *la rivalité fraternelle.*

Obs. 12 — Ainsi, dans la figure 12, une *fille de 12 ans, Maryvonne,* se dessine en premier, puis la mère, puis le père. Or, la famille vraie comporte aussi une petite fille de 4 ans, donc née quand *Maryvonne* avait 8 ans, et dont, par la suite, celle-ci s'est montrée fort jalouse, parce que son père la préférait. Ayant terminé son dessin, elle dit d'elle-même : « J'avais pas la place de mettre la petite sœur », excuse rationalisée de son hostilité à peine inconsciente. On remarquera qu'elle a figuré le couple parental en bonne place et en grand format, mais qu'elle s'en écarte un peu, et surtout détourne la tête.

Obs. 13 — Dans la figure 13, *Michelle, fillette de 7 ans,* se dessine en premier, donnant la main à son papa. La mère est en troisième position, et comme il ne lui a pas été laissé beaucoup de place, elle se trouve être plus petite que sa fille. A l'étage inférieur est placé le petit frère, et cette mise à l'écart, loin des parents, correspond au désir de la fillette de ne lui faire qu'une place très réduite.

Le fait est que *Michelle,* de 5 ans son aînée, n'a jamais bien accepté le petit frère. En *psychodrame,* elle propose un jour de jouer l'histoire d'un fantôme qui, s'étant introduit dans la maison, tue un petit garçon de 2 ans, tandis que, malgré tous ses efforts, il ne parvient pas à s'emparer de la petite fille; et ce fantasme exprime évidemment le désir secret de *Michelle.*

Mais il est nombre de cas (surtout chez des enfants plus âgés) où *la relation avec les parents est très distante,* ceux-ci étant nettement séparés du sujet. A l'extrême, même, ils sont absents. Nous considérons cette mise à

Fig. 13

distance des parents comme dépendant des difficultés de l'Œdipe, et il apparaît ici que le retrait narcissique est lié à *la peur des pulsions*.

Nous en avons vu déjà un exemple bien caractérisé dans le cas de *Danielle*, cette jeune fille atteinte de névrose d'angoisse (obs. 10). Pour compléter son observation, nous devons dire que dans son *test PN.*, elle a choisi en premier l'image *Rêve Papa* en disant : « Il ne songe qu'à ça. » Plus loin, nous apprenons que Pattenoire se figure que son père ne l'aime pas, ce qui, dit-elle, n'est pas vrai. Or, nous retrouvons « le garçon au mauvais regard » dans le thème de *Nuit*, où Pattenoire surveille ses parents. On est donc fondé à penser que la curiosité œdipienne est coupable, et que le double thème de *Rêve Papa* peut indiquer une forte déception de *Danielle* dans ses relations avec son père. On peut alors interpréter la relation à distance avec le couple parental (et surtout avec le père, qui est le plus loin), comme une défense contre l'anxiété due aux sentiments œdipiens.

En voici un autre cas, typique lui aussi (obs. 14), dont nous donnons, pour une compréhension plus dynamique, les moments successifs du dessin. Il s'agit d'*une fille unique de 12 ans, Sylvaine,* qui nous est amenée pour un fléchissement scolaire très important, datant seulement de cette année, puisqu'avant elle était excellente élève.

Dans son dessin, elle représente d'abord, bien mise en valeur, une fille de 14 ans (fig. 14), puis le père (fig. 15), très éloigné, mais tourné vers sa fille; puis la mère (fig. 16), tenant la main du père; puis (fig. 17) dans l'espace laissé libre, une fillette de 9 ans. Mais, fait digne d'être noté, alors qu'elle avait dessiné, collés au corps, les bras de la mère et ceux de la fille de 14 ans, elle les dessine une seconde fois, rejoignant maintenant les bras tendus de la petite de 9 ans.

La *fille de 14 ans, c'est Sylvaine elle-même,* bien entendu, mais grandie de 2 ans; elle dira d'ailleurs s'y identifier. Le père, figuré en second, est donc important, mais dans une relation à distance. La mère ne vient qu'après, mais elle donne la main à son mari, et le couple est tout à fait séparé de la fillette. Alors intervient un quatrième person-

Fig. 14 - 15

Fig. 16 - 17

nage, qui est *surajouté*; mais, chose curieuse, cette fillette de 9 ans va faire de ses bras tendus la jonction entre la fille de 14 ans et le couple parental, et, pour réaliser cette jonction, *Sylvaine* redessine, en les écartant du corps, les bras de la fille et de la mère.

Si nous admettons que ce personnage surajouté est une projection de *Sylvaine* à l'âge de 9 ans, donc *un double régressif*, nous pouvons en déduire que, dans son âge actuel, *Sylvaine* cherche à se tenir à distance du couple parental, du père d'abord, puis du père et de la mère unis. Mais cet éloignement lui cause de la souffrance — la souffrance d'être solitaire — et elle se reporte en imagination à l'époque de ses 9 ans, où elle était unie aux siens sans aucun problème conflictuel. Nous avons là-dessus plusieurs convergences d'indices significatives : *Sylvaine* dit qu'elle voudrait bien avoir une sœur de 8 ans; huit ans est aussi son âge d'or; enfin, l'intensité de sa fixation à cet âge est si forte qu'elle déclare vouloir être plus tard institutrice pour enfants de 8 à 9 ans, la fixation se transmuant en vocation, comme il arrive parfois.

Ces conclusions tirées du test nous éclairent sur le problème clinique du brusque fléchissement scolaire. C'est qu'en effet il s'est produit en même temps qu'un changement des conditions de vie de la famille, celle-ci ayant dû déménager, ce qui a obligé la fillette, en plein début de puberté, à coucher dans la chambre de ses parents, ce qui n'a pu manquer de la traumatiser. Qu'elle ait réagi par un retrait narcissique est conforme à ce que nous savons de son caractère, qui a toujours été très solitaire, très fixé à la maison, avec une totale incapacité à se faire des amies.

Un cas de retrait narcissique dépressif

Comme nous l'avons souligné au Livre I, il est des cas où l'état dépressif que le retrait narcissique vise à compenser s'exprime malgré tout par des signes qui s'associent aux signes de retrait en un alliage symptomatique complexe. Lorsque la dépression vient à dominer, on ne doit plus s'attendre à la survalorisation narcissique qui se traduit d'ordinaire dans le dessin de famille par l'investissement privilégié du Moi; mais tout au contraire à *une dévalorisation* qui relègue le sujet aux dernières places. Le retrait s'objective alors par un isolement et une mise à distance du personnage d'identification, parfois accompagné d'un double.

Obs. 15 — En voici un exemple particulièrement frappant, parce qu'on peut y saisir le processus dynamique qui fait abandonner la relation objectale et conduit peu à peu au retrait narcissique. Il s'agit d'une *fillette de 13 ans, Aline,* benjamine de trois filles, hospitalisée pour une crise dépressive avec anxiété très vive, et sentiments de culpabilité axés sur les problèmes sexuels. La fillette s'imagine qu'elle a fait des tas de péchés, s'accuse d'avoir eu des jeux sexuels avec un petit garçon, d'avoir dit « des vilaines choses » à des camarades; elle craint d'être enceinte; elle se reproche d'avoir fait de la peine à sa mère en lui disant qu'elle ne l'aimait pas; elle a peur d'être damnée pour toutes ses fautes et d'aller en enfer. Il faut dire qu'elle est depuis longtemps obsédée par le problème du sexe et de la naissance des enfants, et que, couchant dans la chambre de ses parents, elle est sans cesse choquée par le laisser-aller de son père.

Fig. 18

L'anxiété de la jeune fille s'étant atténuée après quelques jours de traitement, celle-ci nous a fait le dessin de famille reproduit ci-contre (fig. 18). Elle y figure en premier la mère, unie au père; puis ses deux sœurs et elle-même, nettement dévalorisée par sa petite taille et la plus éloignée des parents. Puis elle dit qu'elle veut représenter un mariage, et elle dessine à droite une mariée, sur le même

Fig. 18

niveau que sa mère et aussi grande qu'elle; mais elle ne termine pas le personnage, disant que « ce n'est pas bien ». Elle reprend alors son dessin à l'étage inférieur et fait, en plus petit, une autre mariée, qu'elle termine cette fois, mais en disant que ce n'est pas bien non plus. Elle dit alors : « Je fais deux petites sœurs ensemble », et elle s'exécute.

L'interprétation d'un tel dessin va presque de soi. La mère est investie en premier; elle est donc pour *Aline* un objet privilégié d'identification. La benjamine, identification de réalité d'*Aline*, est en dernière position, toute petite, et dans l'étroite dépendance de sa sœur, autant de signes qui la dévalorisent et qui indiquent sa tendance dépressive. Le *fantasme œdipien* s'exprime alors dans le désir d'*Aline* de dessiner « un mariage ». Elle se projette donc dans le rôle de la mariée, tentant ainsi de prendre la place de sa mère; mais elle échoue, le « ce n'est pas bien » signifiant ici tout autant l'interdit moral sur l'Œdipe que l'expression graphique qui en est le symbole. Elle reprend son projet, avec plus de modestie, à l'étage inférieur et en plus petit, et le mène à bien quant au dessin; mais elle le censure à nouveau, exprimant son impuissance à le réaliser vraiment, et, faisant alors « deux petites sœurs ensemble », elle cède à la peur de ses pulsions œdipiennes *en se réfugiant dans le retrait narcissique, avec un double.*

IV. L'EVOLUTION DU RETRAIT NARCISSIQUE

Nous avons mis en garde les psychologues contre les conclusions abusives qu'ils pourraient être tentés de tirer d'une exploration projective unique, en soulignant qu'on ne saisit alors qu'un moment de la vie du sujet, et que c'est une extrapolation très hasardeuse que de pronostiquer sur ce moment unique l'avenir psychique tout entier du sujet testé.

Nous avons, dans ce sens, recommandé de *répéter à plusieurs reprises le test* afin d'établir la permanence ou la non permanence des thèmes. Rien n'est plus facile en particulier pour le dessin de famille, qui peut être répété aussi souvent qu'on le voudra.

En ce qui concerne le retrait narcissique, nous savons que, cliniquement, il peut se produire à un moment donné, sous l'influence transitoire de certaines frustrations ou de la peur des pulsions, mais qu'il faudra, pour qu'il s'établisse en permanence, l'influence surajoutée d'autres facteurs, facteurs circonstanciels ou facteurs de tempérament.

Dans cette perspective, deux situations opposées nous intéressent tout particulièrement.

1. *La première est celle du retrait narcissique momentané*, déclenché par des influences actuelles traumatisantes, mais qui, avec le progrès de la croissance, fera place un jour ou l'autre au rétablissement de relations affectives plus ou moins satisfaisantes.

Un exemple en est le cas de *Louis*, déjà étudié (obs. 9). Nous avons souligné plus haut les éléments de son dessin de famille, qui montrent qu'en dépit d'une tendance régressive persistante, (figurée par la fillette de 10 ans et le bébé-garçon de 2 ans), il s'affirme chez lui un désir de développement viril, objectivé par le personnage du garçon « qui peut faire du ski ». Or, dix mois après ce premier dessin, *Louis* nous en fera un autre, où il mettra cette fois en premier le père et le grand frère (le père du bébé de 2 ans), rétablissant la mère, mais dans la position dévalorisée de la dernière place; et si, dans ce dessin, il n'ose encore s'identifier au père, il s'identifie déjà au grand frère marié et père de famille. La position narcissique est donc ici abandonnée au profit d'une position plus progressive et plus relationnelle.

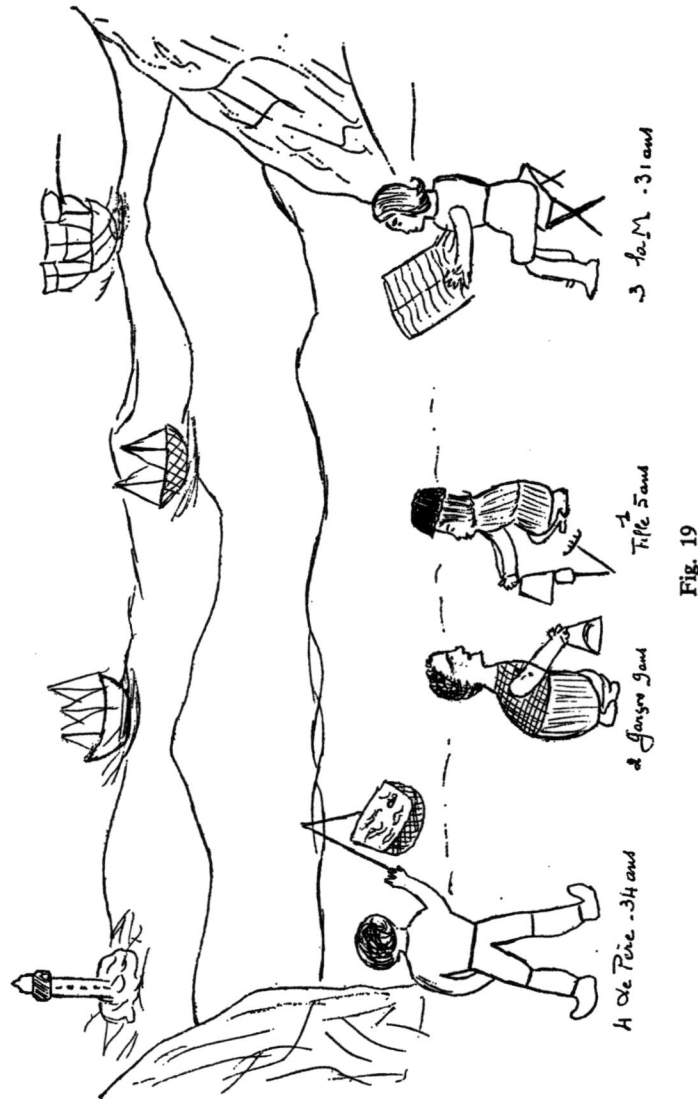

Fig. 19

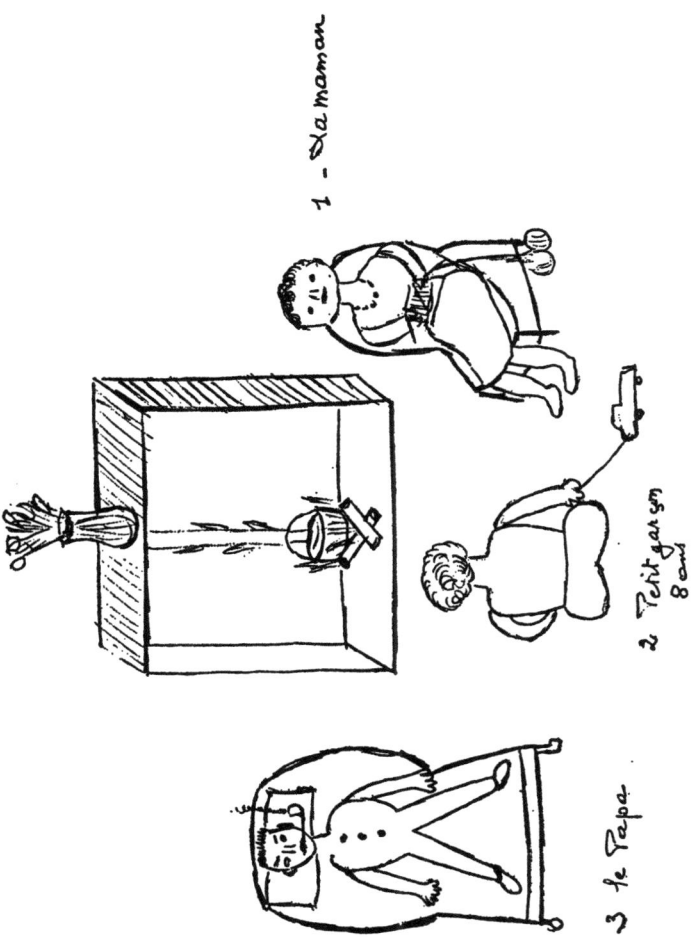

Fig. 20

Obs. 16 — Voici encore le cas de *Martine,* fillette de 13 ans, en plein début de puberté, qui nous est amenée pour des difficultés scolaires persistantes, qui datent de ses 5 ans, favorisées au début par le fait que *Martine* était une gauchère contrariée. Elle ne s'est jamais bien adaptée à l'école; elle passe pour y être rêveuse, peu attentive, lente dans son travail.

Son premier dessin de famille (fig. 19) nous montre l'investissement préférentiel d'une fillette sage de 5 ans, donnée comme la plus heureuse (c'était évidemment avant le début scolaire). Le garçon de 9 ans représenté en second est un *personnage surajouté* puisque *Martine* est fille unique; il est donné comme désobéissant et le moins gentil; il est d'ailleurs en train de se disputer avec sa sœur. Les parents sont dessinés ensuite, la mère, puis le père, séparés l'un de l'autre. C'est à la mère, donnée comme la plus gentille, que *Martine* s'identifie. Il y a lieu de considérer que *Martine,* désirant régresser à l'âge de 5 ans, où elle était sage et obéissante, identification que la censure du Moi lui interdit, se donne un double masculin sur lequel elle projette toute son agressivité ultérieure (il a 9 ans); il est à souligner d'ailleurs que, par les traits de son visage, le garçon dessiné ressemble beaucoup à *Martine.* On peut en déduire qu'entre 5 et 9 ans, la fillette a dû connaître des difficultés particulières dans la résolution de son Œdipe. Ce qui nous incline à le croire, c'est que *Martine,* qui n'a jamais quitté la chambre de ses parents et a donc dû vivre son éveil sexuel d'une manière assez perturbante, était au début affectueuse et caressante avec son père, mais que, depuis quelques années, elle a changé du tout au tout, plus froide avec son père, se rapprochant par contre de sa mère jusqu'à vouloir venir sur les genoux de celle-ci.

Le second dessin (fig. 20) a été fait dix mois après. Entre temps, *Martine* a eu ses premières règles, s'est donc confirmée dans son évolution pubertaire. Il est remarquable que, dans ce dessin, elle abandonne, et l'investissement privilégié du Moi, et le double, pour *s'identifier plus résolument à la mère*, figurée en premier. Cette fois, l'enfant est unique, comme dans la vie, mais c'est un garçon de 8 ans, donné comme le moins gentil, faisant des bêtises, mais cependant le plus heureux parce qu'il est gâté.

Une convergence d'indices très intéressante nous est apportée par le *test P.N.* fait en même temps que le second dessin de famille. Le héros du test est un garçon de 6 ans, fils unique. En cinq images nous est développé *un thème important de culpabilité œdipienne.* La relation avec le père est très distante, et la frustration majeure vient de lui, puisqu'il se moque de Pattenoire à cause de sa paresse; il va d'ailleurs bientôt quitter la maison. Par contre, la relation avec la mère est très intime, mais c'est une relation régressive, s'exprimant par une forte nostalgie de la mère-nourrice, avec le désir de retrouver l'innocence et la sécurité des premières années; cette quête d'une mère gratifiante indique bien la crainte que le héros ressent de sa mauvaise conduite, puisque, au thème de *Rêve Maman,* il est dit que Pattenoire « rêve que sa mère l'a abandonné parce qu'il n'était pas gentil ».

En résumé, nous pensons que cette fille unique, qui a toujours vécu dans une trop grande intimité avec le couple parental, a dû connaître une situation œdipienne très précoce (peut-être dès l'âge de 2 ans, où elle avait déjà de fréquents cauchemars nocturnes). On peut interpréter son anorexie persistante (jusqu'à 12 ans), son retard de parole et sa froideur affective comme exprimant la difficulté qu'elle a eue à établir avec sa mère de bonnes relations, alors qu'au début elle était plus affectueuse avec son père. Mais elle a dû à un moment donné ressentir de cette situation une vive culpabilité, craindre de perdre l'affection de sa mère, d'où un recul devant la situation œdipienne, une inversion du sexe et une régression vers l'époque de la mère nourricière.

L'*identification à la mère* dans les deux dessins, et les cinq dans le *test P.N.* ne doivent pas être interprétées comme réalisant une identification *structurante* à la mère épouse du père (à noter que le couple est séparé dans les deux dessins et en voie de séparation dans le P.N.), mais comme étant du type de l'*identification à un Idéal du Moi maternel frustrant.*

2.   La seconde situation, tout à l'opposé, est celle des *sujets que l'on voit évoluer peu à peu, de l'enfance à l'adolescence, vers un retrait narcissique de plus en plus prononcé.*

Obs. 17 — Voici le cas de *Catherine*, qui est suivie par nous depuis l'âge de 12 ans pour ses difficultés scolaires : c'est une élève médiocre, qui montre peu d'intérêt pour l'école, est lente et rêveuse, quoique de niveau normal. Elle est en forte rivalité avec son frère, de 3 ans son aîné, qui ne l'a, à vrai dire, jamais bien acceptée, et elle réagit à cette frustration de manière dépressive : elle est en effet constamment morose et semble s'abandonner à son sort de prétendue Cendrillon. Dans son *test P.N.*, *le héros est en situation d'abandon* : ni ses frères, ni ses parents ne l'aiment; il est toujours puni; comme il sera toujours malheureux chez les siens, il cherche à s'en aller et à trouver ailleurs une famille plus gratifiante.

Nous avons suivi cette fillette jusqu'à l'âge de 16 ans et nous avons d'elle 7 dessins de famille successifs, qui représentent une évolution caractérisée vers le retrait nar-

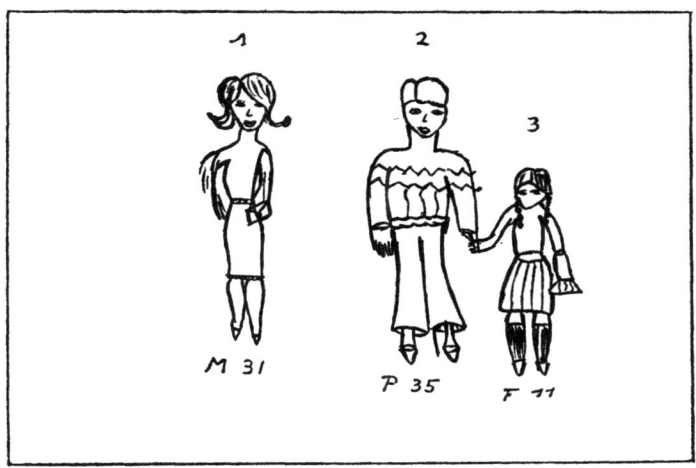

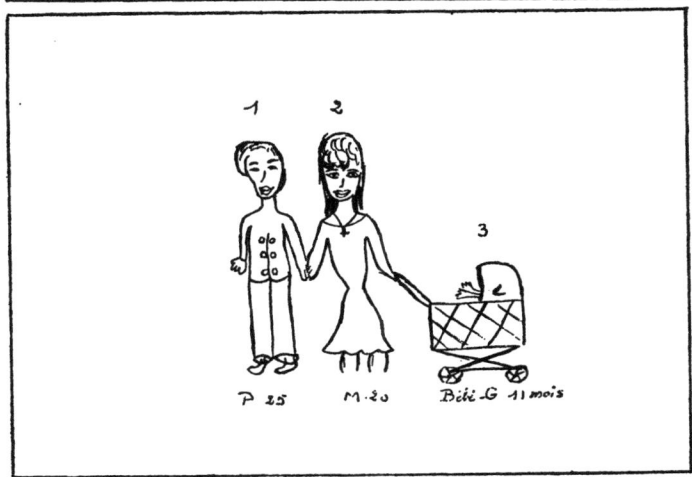

Fig. 21 - 22

Fig. 23

cissique. Ses trois premiers dessins la figurent comme petite fille, étroitement protégée par sa mère; au troisième, elle élimine le frère rival, qui désormais ne figurera plus. Au *quatrième dessin*, reproduit ici (fig. 21), Catherine tente de se rapprocher de son père, alors qu'elle met sa mère à l'écart; elle s'y donne 11 ans, ce qui est l'âge de ses premières règles, donc d'un possible éveil sexuel. Mais on notera que son attitude et l'absence de certains traits du visage lui donnent une expression honteuse, comme si elle se sentait coupable d'occuper cette place; par contre, la mère est très bien dessinée, et les traits de son visage reproduisent typiquement le visage de *Catherine*, ce qui nous montre que c'est bien son identification de désir, mais inavouable.

Il apparaît bientôt toutefois que *cette tentative de réaliser son Œdipe avorte*. En effet, dans le *cinquième dessin*, fait à 13 ans, la position œdipienne est abandonnée : *Catherine* s'identifie derechef à une petite fille, ici âgée de 6 ans, tenant la main de sa mère. Trois mois après, c'est encore plus manifeste (fig. 22) : elle est un bébé de 11 mois. Il importe de souligner que les résultats négatifs de la psychothérapie appuient dans le même sens : la fillette reste morose, passive et ne progresse sur aucun plan.

Nous l'avons revue quelques années après, et elle nous a fait le *septième dessin* que voici (fig. 23). Elle se dessine en premier, se donnant un an de plus que son âge réel; puis figure en second un garçon de 19 ans, puis le père, puis la mère. On pourrait penser que c'est là une reproduction de la vraie famille, le frère, longtemps absent des dessins, y étant réintégré. Mais que signifierait alors le fait que *Catherine* s'identifie au garçon, à ce garçon qui, soulignons-le, *n'a pas de mains* ? Nous pensons que ce n'est pas son frère qu'elle met en scène ici, en tout cas qu'il n'est représenté qu'en tant qu'il peut être pour elle un objet d'identification; mais c'est un *garçon incomplet, mutilé*, symbole de l'incapacité où se trouve *Catherine* de réaliser son projet.

Obs. 18 — Voici encore le cas d'*Arlette*, suivie à notre consultation depuis l'âge de 7 ans pour des difficultés scolaires dues, non pas à un défaut d'intelligence, mais à une lenteur excessive, elle-même liée à une continuelle distraction. Son caractère est d'une sentimentale timide, se comportant avec docilité, tant à la maison qu'à l'école, mais passive, sans initiative, d'humeur triste, ne se faisant aucune camarade et cherchant toujours à s'isoler avec un livre. Notons qu'elle est la benjamine de quatre, ayant

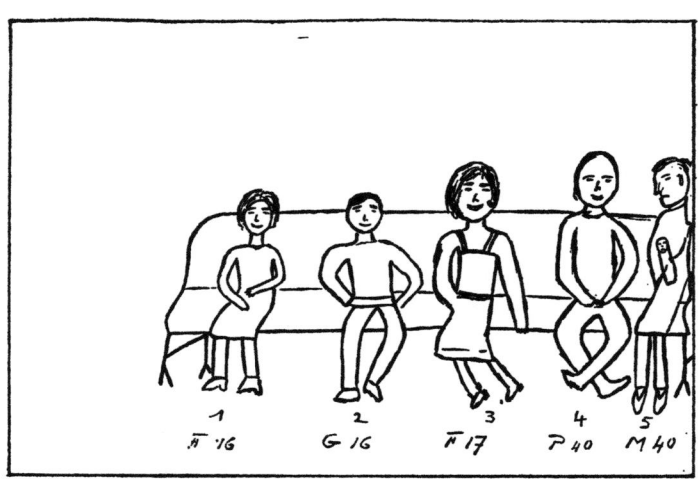

Fig. 24 - 25

deux frères beaucoup plus âgés qu'elle, déjà mariés et une sœur de un an de plus.

A l'âge de 14 ans, la situation étant dans son ensemble la même, *Arlette* nous a fait le dessin de famille ci-joint (fig. 24). Elle investit en premier l'image d'une fillette à laquelle elle donne 7 ans, tenant la main de son père, lui-même lié à la mère, celle-ci tout au bout de la feuille, amputée d'une partie du bras gauche. D'autre part, elle ajoute sur la gauche un quatrième personnage, un bébé-fille de 1 an, le moins gentil, dit-elle, mais cependant le plus heureux. Elle déclare être la petite fille de 7 ans, la plus gentille, parce qu'elle aide bien sa maman. Or, les parents d'*Arlette* ont divorcé quand elle avait 4 ans, et la fillette en a été très affectée; au début, elle revoyait son père tous les 15 jours, puis elle a cessé de le voir; elle dit qu'elle ne tient pas à le rencontrer et, généralisant, va jusqu'à déclarer qu'aucun homme n'est capable de rendre une femme heureuse. Sa mère, femme assez frivole, nous dit qu'*Arlette* n'a pas souffert de la séparation; mais il nous suffit de regarder son dessin, où elle nie la réalité du divorce et se voit unie à son père, pour savoir que le sentiment profond de la fillette est tout à l'opposé. Nous y voyons en outre une certaine dévalorisation agressive de la mère, à qui *Arlette,* au fond d'elle-même, reproche le divorce, et d'autre part une certaine tendance au retrait narcissique. Quant au bébé, que nous verrons par la suite figurer dans les autres dessins de la jeune fille, nous ne savons pas si c'est une identification régressive d'elle-même, ou s'il symbolise le désir de voir à nouveau l'union des parents, qui pourrait lui donner un petit frère.

Cette fillette habitant très loin, nous n'avons pu la suivre régulièrement; nous l'avons cependant revue à l'âge de 16 ans, et elle nous a fait le dessin suivant (fig. 25). Elle se figure en premier, à son âge actuel, puis met en scène un *personnage surajouté*, du même âge qu'elle, mais de sexe masculin : il ne peut s'agir d'un de ses frères, puisqu'ils sont beaucoup plus âgés, mais bien d'*un double*. Puis vient la grande sœur, son amie préférée, et ensuite le plus loin possible, le couple des parents, la mère étant ici encore dévalorisée.

En conclusion, nous assistons, dans ces dessins successifs, à l'évolution de la personnalité affective d'*Arlette*. Nous la voyons à l'âge de 14 ans se placer en position régressive d'enfant de 7 ans, et, selon un mode très primitif de défense du Moi, refuser de reconnaître la réalité du divorce de ses parents. Nous la voyons par la suite maintenir ce refus, mais se séparer elle-même peu à peu du couple parental pour s'isoler dans une attitude autistique, toutefois avec le désir de nouer des relations affectives avec un double. Et, comme il est de règle, ce repli narcissique va avec un retrait d'investissement des images parentales qui, dans le dessin, s'écartent de plus en plus du sujet.

Il convient de dire que cette conclusion se vérifie cliniquement. Nous nous trouvons en effet devant une très belle jeune fille, de type rétracté, de visage très fin, mais froide, distante, très « princesse lointaine », peu attirée vers les relations sociales, déclarant d'ailleurs qu'elle veut être chimiste dans un laboratoire, ce qui va bien avec son goût de la solitude.

V. RETRAIT NARCISSIQUE ET NEVROSE OBSESSIONNELLE

Le cas dont nous allons parler maintenant, qui nous montre aussi une évolution vers le retrait narcissique, est bien particulier en ce qu'ici le retrait narcissique est de type dépressif et en ce qu'il entre dans le cadre d'une *névrose obsessionnelle* très caractérisée.

Obs. 19. — Il s'agit d'une fillette, *Martine*, qui nous a été amenée à l'âge de six ans pour des difficultés de caractère importantes, se traduisant surtout par une opposition systématique à tout ce que sa mère lui demande. En outre, elle a depuis 5 ans de nombreux rituels, et en particulier elle se lave sans cesse les mains. Il est né voici 3 ans un petit frère, dont *Martine* est farouchement jalouse, et que, par mépris, elle a surnommé « Rien du tout ». A cette cause de frustration s'en ajoute une autre : c'est que l'éducation à la propreté de la fillette a été très difficile, marquée par un refus opiniâtre qui a été le point de départ de l'opposition forcenée à la mère.

Son premier dessin de famille (fig. 26) exprime sans aucun détour son *désir œdipien* : elle y figure deux personnages assez mal dessinés, qu'elle dit être le papa et la petite fille de 10 ans; en commentaire, elle dit que « la petite fille n'a pas de petit frère et qu'elle n'a jamais eu de maman ». A la même époque, elle joue plusieurs fois en *psychodrame* le thème d'une petite fille qui va dans le lit du papa, le chatouille et est chatouillée par lui au ventre; elle commente ce thème en ajoutant qu'elle veut se marier avec papa et avec son grand frère Jean-Luc, lui aussi, la chatouille au ventre. Mais déjà, il apparaît que son attitude trahit l'élaboration de formations réactionnelles contre cet érotisme, car *Martine* refuse de donner la main, surtout aux messieurs, et fait, comme on l'a vu, des ablutions continuelles pour effacer symboliquement sa culpabilité.

Quelque temps après, elle nous fait un second dessin très différent (fig. 27). Dans le cadre de l'intérieur d'une

Fig. 26

Fig. 27

maison, avec des chambres cloisonnées, elle dessine en premier le papa, la maman et le petit frère ensemble; dans la chambre du milieu un garçon de 17 ans, son frère aîné; et à droite, hors de la maison, d'abord le petit Jésus, puis, très mal dessiné, un personnage qui la représente. On notera, comme un fait important, d'une part l'isolement des différentes personnes, d'autre part son rejet très loin des parents, dans une solitude dépressive. Commentant ce second dessin, *Martine* dit : « Je ne veux plus aller dans le dodo de papa; j'aime pas être chatouillée, par Jean-Luc non plus; c'est mal d'être chatouillée. » Puis : « Maman elle veut pas. Elle y va dans le dodo car elle est grande. Le petit frère, il a le droit, il est petit. » Et encore : « Quand je serai grande, je me marierai pas, parce que j'aime pas être mariée; c'est pas bien d'être mariée. »

Nous avons donc assisté en peu de temps, chez cette fillette, au passage d'une relation incestueuse naïvement affirmée à un complet interdit sur l'Œdipe, où, comme on l'a vu par le commentaire, est important le rôle de censure de la mère. La fillette réagit donc à sa peur des pulsions œdipiennes par un retrait narcissique, mais *sous une forme dépressive dévalorisante.* Comme il arrive très souvent chez les jeunes enfants, le conflit n'est pas franchement résolu; aussi le heurt des pulsions et des formations réactionnelles contraires explique-t-il l'intensité de la névrose obsessionnelle chez cette fillette.

VI. PRONOSTIC

On peut se demander ce que deviendra la personnalité des sujets chez lesquels on observe l'un ou l'autre des deux modes d'évolution qui viennent d'être étudiés.

Lorsque *le retrait narcissique est passager*, répondant à une situation qui se résout ensuite par le seul progrès du développement, ou par l'action de circonstances plus favorables, il n'y a pas lieu de conclure à des difficultés particulières dans les relations affectives ultérieures.

Il n'en va pas de même lorsque *le retrait narcissique marque le caractère d'une manière durable*, et qu'on voit les difficultés affectives du sujet s'exprimer dans le dessin de famille par un investissement privilégié du Moi et une mise à l'écart des parents, signifiant la rupture des relations affectives avec ceux-ci. Toutefois, pour conclure avec certitude, nous manquons d'observations prolongées jusqu'à l'âge adulte. Il ne faut pas oublier, en effet, que les difficultés de l'évolution pubertaire sont très souvent, chez nombre d'adolescents, un obstacle à l'établissement de relations psycho-sexuelles normales, et font que les premiers choix amoureux sont presque toujours des *choix narcissiques*, où le partenaire joue le rôle d'un double. Or, nous savons qu'une telle situation ne se maintient pas obligatoirement, qu'elle peut faire place par la suite à des relations objectales normales. Il apparaît que cela dépend essentiellement de la force expansive initiale, donc du tempérament, l'élan vital, quand il est suffisamment puissant, permettant au sujet de se dégager de son retrait narcissique pour se porter vers le monde qui l'environne.

Certains signes permettent-ils cependant de prévoir cette évolution ? Oui, dans une certaine mesure, dans la mesure où la personnalité du sujet n'est pas *bloquée* par le retrait narcissique, c'est-à-dire dans la mesure où la force expansive peut trouver une issue pour s'exprimer. Parmi les observations que nous avons présentées, celle d'*Irène* (fig. 11) nous paraît à ce point de vue assez significative, la fillette trouvant son épanouissement sur le plan du fantasme dans des contes d'une réelle valeur littéraire pour un sujet de son âge. Nous aurons à traiter plus longuement de ce problème dans le chapitre que nous consacrerons ultérieurement aux rapports du narcissisme et de la création esthétique ou littéraire.

CHAPITRE II

LE RETRAIT NARCISSIQUE DANS LE TEST P.N.

Le *test P.N.* (Les Aventures de Pattenoire, figures ci-jointes 28 à 45) est un test projectif qui transpose à un animal, le petit cochon Pattenoire, les principaux événements de la vie enfantine, présentée dans ses stades successifs. Le sujet soumis au test est invité à imaginer des thèmes sur les planches qui lui sont montrées. Il va de ce fait être amené à régresser et à revivre sa propre enfance par le truchement de la projection. Il le fait sans en avoir une conscience claire et, par là, il peut nous révéler ses états d'âme profonds, que la censure du Moi interdirait s'ils étaient exprimés directement.

Dès la présentation de la première planche, le *Frontispice*, où sont figurés Pattenoire, sa fratrie et ses parents, le sujet tend inconsciemment, mais fortement, à se projeter dans le petit animal dont sont contées les aventures. C'est, remarquons-le, l'avantage principal d'un test dont toutes les planches ont trait au même « héros », que, lors de sa passation, le sujet testé soit amené à s'engager de plus en plus résolument dans son identification à celui-ci.

les aventures de
PATTE NOIRE

DESSINS DE PAUL BARST

La Fée

1. Auge

2. Baiser

3. Bataille

4. Charrette

Fig. 28 à 33

Les figures 28 à 45 reproduisent, en forte réduction, les planches 13 × 18 du test P.N., éditées par le Centre de Psychologie Appliquée, Paris.

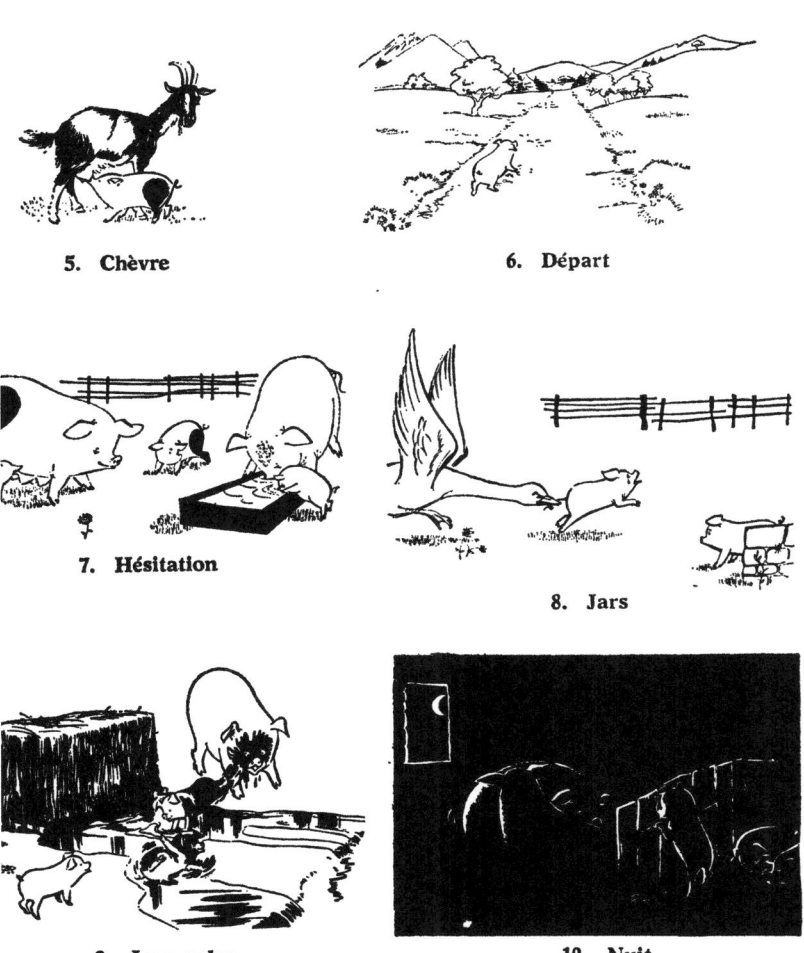

5. **Chèvre**

6. **Départ**

7. **Hésitation**

8. **Jars**

9. **Jeux sales**

10. **Nuit**

Fig. 34 à 39

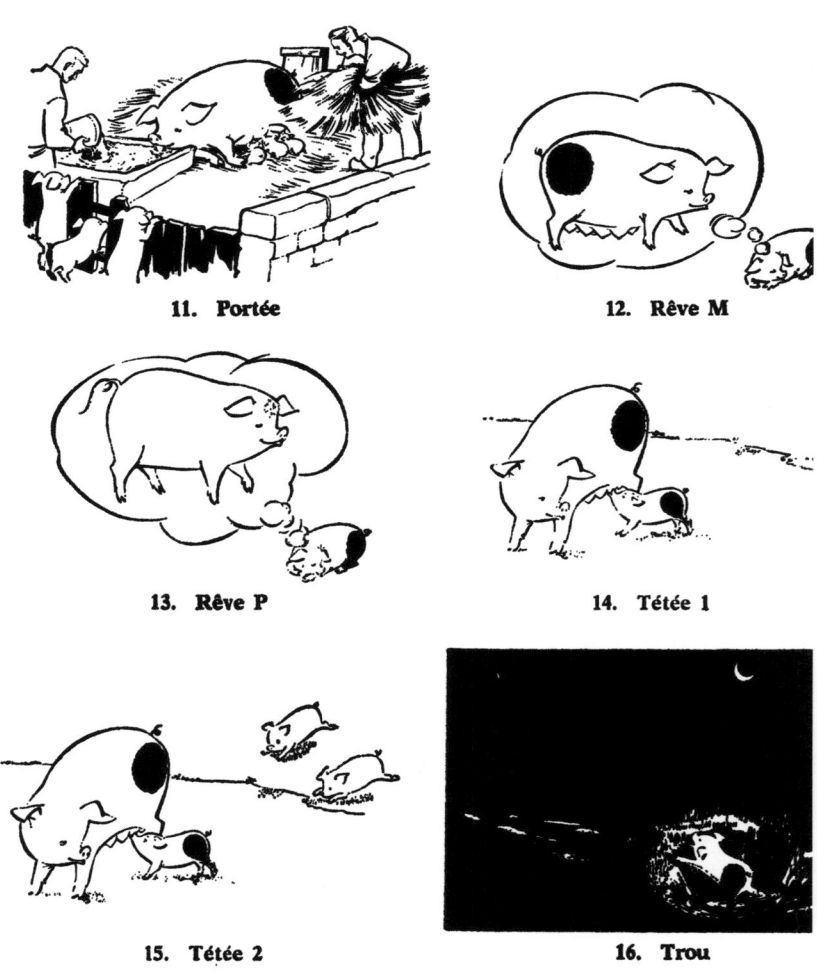

11. Portée

12. Rêve M

13. Rêve P

14. Tétée 1

15. Tétée 2

16. Trou

Fig. 40 à 45

Cela dit, on constate que, dans le cas de *retrait narcissique*, l'investissement du Moi est beaucoup plus fort qu'à l'ordinaire, et se traduit par un centrage nettement plus marqué sur le héros auquel on s'est identifié, les autres personnages, parents et fratrie, n'ayant alors qu'une place secondaire. Ce centrage narcissique se manifeste avec une grande netteté, et dans les *Thèmes*, et dans les *Préférences-Identifications* [1].

I. LES THEMES

Au *Frontispice,* il est quasi constant, dans nos observations de retrait narcissique, qu'il soit donné au petit cochon à la patte noire une situation privilégiée : il est souvent enfant unique, revendiquant pour lui l'exclusivité des parents; ou bien, ce qui revient à peu près au même, les deux petits blancs ont le même âge que lui et peuvent donc être considérés comme des doubles (même si le sujet prétend l'expliquer rationnellement en disant qu'ils sont tous les trois de la même portée).

Les récits donnés sur les planches sont dès le début tout à fait centrés sur Pattenoire, qu'il soit ou non désigné par son nom. Il convient à ce propos de remarquer que, dans la plupart de nos planches, Pattenoire est effectivement placé au centre de l'image et de l'action, et qu'il est par conséquent naturel que le thème fourni lui donne le rôle principal. Mais ce qui est remarquable ici, c'est que ce centrage est maintenu même dans les planches qui ne l'imposent pas. C'est ainsi que dans les planches où le dessin faciliterait une esquive, en ce qu'on s'est arrangé

---

[1] *Manuel du test P.N.*, 2 volumes, aux P.U.F.; *Planches du test P.N.*, Centre de Psychologie Appliquée, Paris.

pour qu'on ne voie pas la tache qui caractérise le héros et le fait reconnaître, c'est quand même et toujours Pattenoire qu'on désigne. Ainsi, à *Départ*, c'est lui qui va sur la route; à *Jars*, c'est lui qui est mordu; à *Jeux sales*, c'est lui qui agresse le père; à *Portée*, où les trois grands sont en situation de frustration, Pattenoire pourra être désigné comme un des nouveau-nés, gratifiés, comme on le sait. D'une manière analogue, pour certaines images manifestement centrées sur les parents, comme *Baiser* et *Nuit*, l'accent ne sera pas mis sur eux et sur leur intimité amoureuse, mais sur Pattenoire, qui est alors le centre d'intérêt, dont les parents, par exemple, s'entretiennent, ou bien se congratulent de l'avoir retrouvé après une fugue.

Il advient même que, pour maintenir en dépit d'un thème contraire son identification à Pattenoire, le sujet la présente comme conditionnelle. Ainsi, à *Jeux sales*, pour ménager ses formations réactionnelles contre le sadisme anal, le sujet sera Pattenoire, mais vu dans le petit cochon de gauche, celui qui ne se salit pas; à *Auge*, il sera Pattenoire, sous condition qu'il dorme comme ses frères; à *Trou*, sous condition qu'il ne soit pas noyé; à *Hésitation*, sous condition qu'il ait à boire.

Enfin, dans le même sens, soulignons la fréquence de l'identification projective, quand le sujet s'identifie sans aucune réserve au héros des récits en disant par exemple : « Pattenoire, c'est moi; je suis exactement comme lui; je me vois tout à fait dans sa situation. »

Ce centrage narcissique, nous le trouvons aussi dans les attendus qui, plus tard, justifieront les identifications; souvent en effet, le sujet dit vouloir être Pattenoire « parce que c'est lui dont on conte les aventures; ou parce que c'est lui le plus intéressant; ou le plus fort, ou le plus beau ».

II. LES PREFERENCES - IDENTIFICATIONS
L'IDENTIFICATION MASSIVE A PATTENOIRE

Dans la méthode spéciale que nous avons élaborée pour le *test P.N.* et que nous avons appelée *Méthode des Préférences-Identifications* (en abrégé P.I.), l'épreuve se passe en deux temps : un premier temps, classique, d'invention des thèmes sur les planches; un second temps, où l'on invite le sujet à reprendre toutes les planches et à les répartir en deux groupes, les unes aimées, les autres non-aimées, pour ensuite lui demander de sérier les planches de chaque groupe selon le degré d'intérêt qu'il leur porte, de la plus aimée à la moins aimée.

Ce classement selon les *Préférences* se double d'un appel à l'*Identification*, c'est-à-dire que, pour chaque planche, le sujet est invité à dire le rôle qu'il se donnerait dans son histoire « s'il en faisait partie, s'il était le petit Pattenoire ou un des autres ».

Une enquête statistique, opérée sur nos quatre cents premiers protocoles, nous a conduits à établir la fréquence avec laquelle chacune des planches est choisie comme la plus aimée ou la moins aimée, et cela nous a permis de déterminer ce qui est, dans ce test, *banalité* ou *originalité*. C'est ainsi par exemple que, d'ordinaire, la plus souvent choisie en premier est *Baiser*, qui est dans 23 % des cas la plus aimée, alors que *Départ*, dont nous dirons plus loin l'importance, ne l'est que dans 15 % des cas. Dans les protocoles de retrait narcissique, ces chiffres s'inversent : c'est *Départ* qui vient en tête, avec 19 %, tandis que *Baiser* n'obtient que 15 %. Nous en pouvons conclure *ipso facto* à l'importance chez les narcissiques du désir d'évasion et de solitude, en même temps qu'à un malaise devant l'intimité amoureuse des parents.

Quant aux *Identifications*, l'analyse de nos 400 cas nous a montré qu'à l'ordinaire, elles se répartissent suivant un certain éventail, du fait que certaines des tendances figurées par les planches sont assumées, tandis que les autres ne le sont pas. Lorsque la tendance est assumée, l'identification se fait à Pattenoire; lorsqu'elle ne l'est pas, l'identification se fait par esquive à un des autres personnages, soit représentant un puissant (les parents en particulier), soit représentant un personnage qui ne participe pas à l'action censurée (un petit blanc par exemple). Même, lorsque le thème suscite de très vifs sentiments de culpabilité, l'esquive peut être totale, et l'identification se fait alors à « Personne ».

L'*éventail d'identification* qu'on peut considérer comme *normal* est : Pattenoire, 6 ou 7 - Petit blanc, 3 ou 4 - Parents, 2 ou 3 - Puissant (fermier, chèvre ou jars), 1 - Personne 1 ou 2.

1. *L'identification massive à Pattenoire*

Cette distribution n'est pas respectée en cas de retrait narcissique, ce retrait étant caractérisé par une *identification massive à Pattenoire*, indiquant l'investissement privilégié du Moi. Notre étude de ce problème porte sur 600 protocoles (à égalité de sexes), dont nous avons retenu seulement ceux où l'identification à Pattenoire atteint ou dépasse 12. Il y en a au total 72, avec une proportion nettement plus élevée chez les garçons (18 % du total) que chez les filles (6 %), ce qui nous a confirmé notre opinion que le processus du retrait narcissique est plutôt masculin que féminin.

Une remarque doit être faite ici : c'est que si l'identification massive à Pattenoire va toujours avec le centrage des thèmes initiaux sur le héros, la réciproque est loin d'être toujours vraie. L'on doit s'attendre à rencontrer des cas où, après avoir centré tous ses récits sur Pattenoire, aux P.I., le sujet se dérobe et se refuse en quelque sorte à tenir ses engagements initiaux. Cela pose le problème de la capacité du Moi à faire face à des situations traumatisantes. Dans les cas où le sujet ne soutient pas son rôle, nous sommes obligés d'admettre que le Moi est faible et se laisse aisément submerger par l'anxiété que suscitent en lui les situations du test. Par contre, lorsque le centrage narcissique est maintenu par un chiffre important d'identifications au héros, on peut conclure à une certaine force du Moi. Une certaine force, disons-nous; mais il faut remarquer que la vraie force du Moi, c'est la souplesse d'adaptation, grâce à laquelle l'instance organisatrice et régulatrice se montre capable d'aménager au mieux les situations, allant jusqu'à se dérober lorsqu'il ne lui est pas possible d'assumer un rôle par trop anxiogène, ce qui conduit à l'éventail d'identifications dont nous avons parlé plus haut. Par contre, quand l'identification au héros se maintient indéfectiblement, on doit conclure à une *rigidité du Moi*, c'est-à-dire à un blocage névrotique, dont la solidité n'est par conséquent qu'apparente. Deux cas sont typiques à ce point de vue : celui des *caractères obsessionnels* qui se raidissent dans l'effort que leur Moi doit faire continuellement pour refouler les pulsions interdites, et qui, de ce fait, apparaissent forts alors qu'ils ne le sont pas vraiment; et celui des *caractères paranoïaques*, qui ont eux aussi, cette même raideur, de par le fait qu'ils refoulent systématiquement leur agressivité et la projettent sur autrui, adoptant alors dans leurs relations une attitude constante de méfiance et de susceptibilité.

2. *Petit nombre d'identifications à Pattenoire*

A l'opposé se trouvent les protocoles de P.N. où il y a très peu d'identifications au héros, et même parfois aucune. Ils appartiennent à des sujets anxieux et dépressifs, qui n'osent assumer aucune de leurs tendances, et même davantage qui les condamnent, réprouvant la conduite de Pattenoire, le voyant rejeté par les autres, ses parents, ses amis, et considérant souvent la tache de sa patte comme le symbole même de sa culpabilité. Les identifications se font alors, soit à un petit blanc donné comme le plus gentil et le plus heureux, soit à un personnage puissant, par compensation aux sentiments d'impuissance du héros. Dans tous ces cas, par conséquent, le Moi est faible, paralysé par les interdits, et cliniquement, de tels sujets sont timides, manquent de confiance en eux-mêmes, sont facilement découragés, facilement entraînés aussi.

Voici deux exemples de ces situations contraires. Il s'agit d'adolescents du même âge, mais dont on verra que leur capacité d'assumer est bien différente, le protocole du test P.N. nous éclairant sur le mode particulier de chacun de ces deux sujets de réagir à la frustration.

Obs. 20 — *Alain*, 15 ans, nous est amené pour ses difficultés scolaires : il est très studieux, mais trop lent dans son travail, ne le terminant jamais à temps. Il a toujours été très solitaire; il n'aime pas sortir, ne va jamais au cinéma; il est timide, émotif, désirant passer inaperçu. Dès la maternelle, il avait ce caractère : il restait à l'écart, pas du tout batailleur, ne se faisant aucun camarade.

Il est l'aîné de trois. Sa sœur est née quand il avait 2 ans, et il l'a à peu près bien acceptée. Il n'en a pas été de même pour le frère qui est né quand *Alain* avait 6 ans; il ne l'a jamais accepté et s'est toujours comporté comme si le frérot n'existait pas. Il est vrai qu'à la même époque, sa mère ayant fait une dépression nerveuse, on a placé *Alain* durant trois mois dans un home de montagne, mais, on ne sait pourquoi, c'était une maison pour enfants anormaux; se rendant compte de la situation, il a été très malheureux et, à son retour, il était devenu très craintif et plus solitaire que jamais; il n'en a parlé aux siens qu'un an après, pour justifier son refus d'aller en colonie de vacances où il craignait que ce soit la même chose. Il y a donc eu là, pour un sujet sensible comme l'est *Alain,* dont la morphologie est fortement rétractée, une grave frustration.

Son *test P.N.* est très thématique et exprime d'une manière très pertinente la manière dont *Alain* a ressenti la venue de sa sœur et de son frère. Il fait d'abord de Pattenoire un enfant unique (c'est évidemment son désir), et des deux petits blancs des garçons étrangers à la famille. Mais, en analysant les planches, obligé de constater que, dans presque toutes, les deux petits blancs se trouvent avec Pattenoire, il imagine pour l'expliquer un ingénieux thème d'adoption : il déclare que le fermier apporte ces deux étrangers aux parents de Pattenoire pour qu'ils les adoptent (c'est le thème original de *Charrette*). Il se tiendra indéfectiblement à ce thème d'adoption, et par exemple à *Nuit*, il dit que « les parents, constatant que Pattenoire ne pouvait s'habituer aux deux petits étrangers, l'ont obligé à coucher à côté de ceux-ci; et l'on voit là Pattenoire, qui ne dort pas, regarder avec regret dans la chambre de ses parents qu'il voudrait bien rejoindre ». La rivalité de Pattenoire envers les deux autres est d'ailleurs forte; à *Hésitation*, Pattenoire « voyant qu'un des deux blancs tête sa mère à lui, se jette sur lui et le mord » (thème de *Bataille*). Mais l'agressivité du héros est très culpabilisée, puisque l'image *Bataille* sera la moins aimée, et qu'à la fin, *Alain* plaint les deux petits étrangers qui n'ont pas de parents. Pour son agressivité, Pattenoire sera donné comme le moins gentil, mais cependant le plus heureux et le préféré d'*Alain*, qui trouve que sa patte noire est bien. Le centrage narcissique s'exprime par 15 identifications à Pattenoire.

Il faut remarquer que, tant dans la vie que dans le test projectif, la rivalité fraternelle d'*Alain* ne s'exprime guère par une agressivité ouverte, mais surtout par une prise de distance et un repli sur soi. Elle est donc inhibée, et cette inhibition, déferlant sur les autres plans de vie, nous explique le manque de dynamisme et la trop grande lenteur dans l'action de ce jeune homme.

Obs. 21 — *Jean-Pierre* a 16 ans. Il fait des fugues et chaparde dans les magasins. C'est un garçon intelligent, mais qui ne fait guère de progrès en classe par suite de son manque de volonté. Ses relations avec son père sont très bonnes. Mais il n'en va pas de même avec sa mère; celle-ci, dont il est le premier fils, s'est toujours montrée rejetante envers lui, et l'a plusieurs fois placé sans raison valable en dehors de la maison, gardant par contre près d'elle ses deux autres fils plus jeunes.

Le thème essentiel de son P.N. est inverse de celui d'*Alain*. C'est Pattenoire qui est ici l'étranger, n'appartenant pas à la famille des quatre autres; en somme, un orphelin. Il cherche à se faire adopter par les parents des petits blancs, et il va finir par y parvenir. Mais on se moque sans cesse de lui à cause de sa tache. Toute l'histoire est bien centrée sur Pattenoire et, à la fin, il sera donné comme le plus sympathique, celui qu'on prend en pitié à cause de ses malheurs. Nonobstant cela, *Jean-Pierre* ne s'identifie pas une seule fois à cet orphelin malheureux; il sera 7 fois Personne et 9 fois un petit blanc, c'est-à-dire un enfant des parents, bien que donné comme le moins gentil.

Si nous comparons ces deux garçons, il nous apparaît que le premier a un Moi assez solide, encore que rigide, qu'il est consciencieux, scrupuleux, très disposé à bien faire si on l'aide quelque peu, ce que l'avenir nous a d'ailleurs confirmé.

Par contre, le second à un Moi fragile, incapable de s'assumer, cédant aux tentations et très exposé, s'il est livré à lui-même, à devenir un instable et un délinquant.

III. LE RETRAIT NARCISSIQUE, RÉACTION CONTRE LA DÉPRESSION

Comme nous l'avons souligné au Livre I, le retrait narcissique peut être considéré comme *une défense contre l'état dépressif résultant de la rupture des relations affectives*. Certains protocoles du P.N. nous le confirment d'une manière éclatante.

Obs. 22 — Voici par exemple le cas de *Dominique*, fillette de 12 ans, qui nous est amenée pour des difficultés scolaires datant du début des études, de l'apprentissage de la lecture; elle passe pour être sage en classe, mais continuellement dans la lune. D'autre part, on se plaint de son caractère à la maison : alors que dans sa première année, c'était un bébé souriant et gentil, depuis la naissance de son frère, elle est devenue très jalouse, revendiquant sans cesse et faisant une opposition systématique à ses parents. Elle se plaint notamment de l'injustice qui lui a été faite à la naissance de la petite sœur, parce qu'on l'a placée alors hors de la maison, et elle répète à qui veut l'entendre que ses parents ne l'aiment pas.

Son *test P.N.* est dans ses thèmes très dépressif. A plusieurs reprises, en sanction de l'avidité orale de Pattenoire ou de ses désirs d'indépendance, il est envoyé à l'abattoir.

Mais aux P.I. les thèmes sont très édulcorés et, en particulier, il n'est plus question de mort, moyennant quoi Dominique pourra s'identifier à Pattenoire dans toutes les planches.

Nous voyons donc ici, en passant des thèmes aux P.I., la défense du Moi, pour faire cesser l'angoisse dépressive, intervenir par un retrait narcissique. Ce narcissisme se confirme aux questions de la fin où Pattenoire est donné comme le plus gentil, le préféré de la fillette et le plus heureux, non parce qu'il est aimé, soulignons-le, mais *parce qu'il peut faire tout ce qu'il veut*, réponse tout à fait caractéristique.

Il est des cas où le passage de l'état dépressif au retrait narcissique ne se fait pas immédiatement, comme chez *Dominique*, mais en deux temps, séparés par un intervalle de durée variable.

Obs. 23 — Ainsi, *Patrick*, garçon gravement frustré dans son enfance par le manque d'amour de sa mère, intelligent, mais immature affectivement, nous a fait à l'âge de 8 ans un *premier test* [2].

Les thèmes y sont sauvages, exprimant sans aucune retenue une très forte agressivité sadique-orale; mais celle-ci est toujours suivie d'un contrecoup dépressif sous la forme du talion immédiat, l'agresseur périssant presque en même temps que l'agressé.

Second test à 10 ans et demi. Les thèmes sont ici beaucoup moins sauvages. Un certain sadisme s'y exprime encore, mais atténué, et il n'est jamais suivi de la culpabilité dépressive qui était si manifeste dans le premier test. En revanche, Pattenoire y sera déclaré le plus heureux, le

---

[2] Comme témoin des frustrations subies par ce garçon au stade oral, notons qu'il donne comme âge d'or: 6 ans, avec l'attendu « qu'à cet âge, on a à manger, tandis qu'avant on n'a pas ».

préféré, et il aura 15 identifications. Il y a donc eu, en deux ans, passage d'une situation fortement dépressive à un retrait narcissique.

Obs. 24 — Voici le cas analogue de *Lisbeth*, qui nous est amenée à l'âge de 8 ans pour un retard scolaire de deux ans; elle est donnée comme passive, étourdie, lente, toujours plongée dans un rêve sans fin. Son développement a été tardif, et elle n'a jamais eu d'appétit. Elle a eu à subir plusieurs frustrations importantes : un placement à 3 ans pour essayer « de la dégourdir »; puis un second placement à 6 ans, où elle a été maltraitée, a maigri, et dont elle a été si traumatisée qu'à son retour à la maison, elle était hébétée, apeurée, et ne semblait plus reconnaître sa maman.

Un *premier test* est très dépressif. La fillette choisit en premier l'image de *La Fée*, avec un thème très anxiogène de rejet : « La Fée a foutu Pattenoire à la porte. » Ce thème reviendra sept fois dans le cours du test, comme une obsession, exprimant sans nul doute un rappel de l'éviction familiale. Aucune agressivité dans ce protocole : la réaction de Pattenoire en difficulté, c'est d'être malheureux et de pleurer. Et cependant *Lisbeth* s'y identifie 8 fois dans les premières planches. Puis, elle dit que Pattenoire va grandir et devenir une maman, et, à l'image *Tétée 1*, c'est elle qui donne à téter à son petit; on pourrait croire alors que la fillette va maintenir son identification, en grandissant avec l'héroïne pour devenir une maman; mais non : elle s'identifie à partir de cette planche, dans les quatre qui suivent, au petit Pattenoire qui tête. On peut donc considérer qu'il y a ici retrait narcissique, mais avec une forte *tendance régressive*, sans que cela ait suffi pour supprimer complètement l'état dépressif.

Un *second test* a été fait quand elle avait 11 ans. Cette fois Pattenoire n'est plus le tout petit, mais l'aîné, comme dans la réalité. *Lisbeth* s'engage beaucoup moins bien : elle décrit fidèlement les planches, mais avec brièveté et sans exprimer aucun sentiment. La dépression du premier test a donc disparu et, notamment, se retrouvant devant *La Fée, Lisbeth* se borne à dire que « Pattenoire voit une fée » sans rien ajouter. Le retrait narcissique domine ici avec 16 identifications à Pattenoire, déclaré le plus gentil et le plus heureux, *parce qu'il fait tout ce qu'il veut*; il est en outre content de sa patte noire. La crainte dépressive de la solitude s'exprime pourtant dans ce protocole par le choix de *Départ* comme la moins aimée « parce que Pattenoire est seul »; pour aimer cette image, « il faudrait, dit la fillette, qu'on y mette une maison, et qu'il y ait aussi le papa, la maman et les petites sœurs », ce qui se passe de commentaire.

IV. LES THEMES PRINCIPAUX
DU RETRAIT NARCISSIQUE DANS LE TEST P.N.

Nous avons souligné plus haut que dans les protocoles des tests projectifs s'exprimaient à la fois les réactions du sujet aux événements de sa vie, et les causes qui avaient provoqué ces réactions. Cela est plus vrai encore du test P.N. que du Dessin de famille, étant donné la richesse des protocoles qu'on obtient souvent avec ce test. La complexité des tableaux symptomatiques obtenus nous amène à les décrire sous différents chefs, que nous allons illustrer par des exemples, en remarquant toutefois qu'il y a souvent chevauchement de l'un à l'autre.

1. Thèmes de frustration

Nous avons dit au Livre I l'importance qu'ont les frustrations dans la formation de la personnalité enfantine, en soulignant que lorsqu'elles sont bien supportées, leur influence sur la maturation du Moi est favorable, tandis qu'au contraire, lorsqu'elles dépassent ce que le sujet est capable d'affronter, elles ont une action perturbante et retardent la maturation. Mais nous avons ajouté que, s'il est des situations frustrantes graves qui, de par leur gravité même, ne peuvent être assumées par aucun enfant, quelle que soit la vigueur de sa personnalité, dans tous les autres cas, le facteur essentiel est le degré de tolérance individuelle à la frustration; avec cette conséquence qu'il est bien difficile d'apprécier d'une manière objective l'importance des frustrations subies et que ce qui compte avant tout, c'est de pouvoir apprécier la manière dont l'enfant y a réagi. Le grand intérêt des tests projectifs est précisément qu'ils peuvent nous fournir *ce facteur subjectif*, en nous révélant ce qui s'est passé dans la personnalité de l'enfant testé aux moments les plus cruciaux de son existence.

Les protocoles de P.N. nous apportent à ce point de vue une précieuse documentation. Les relations que le personnage central du test — celui auquel l'enfant s'est identifié — entretient avec ses parents et sa fratrie y sont le plus souvent dépeintes sans aucune équivoque. Que les frustrations datent de l'époque du nourrissage, ou bien qu'elles aient été provoquées par la naissance des frères et sœurs ou par la situation œdipienne, elles nous sont dans chaque cas rendues sensibles par le choix que fait l'enfant des premières images qu'il décrit et par les thèmes qu'il en donne [3].

[3] Il nous faut souligner ici que notre technique de passation laisse le sujet entièrement libre du choix des planches et de l'ordre

Une séquence est particulièrement fréquente dans les protocoles des narcissiques :

1. *Thème de frustration,* suivi de :

2. *Thème de départ solitaire,* suivi de :

3. *Thème de retour au bercail,* désiré ou accompli.

a) Frustration par la rivalité fraternelle

En voici quelques exemples :

Obs. 25 — *Patrick,* 10 ans, aîné de trois, donne, contrairement à la réalité, Pattenoire comme le benjamin. Son test débute par *Tétée 2,* où la jalousie de ses frères le fait fuir vers la *Chèvre.* A *Nuit,* il cherche à partir, et c'est *Départ.* A *Portée,* s'éveille à nouveau la rivalité fraternelle, qui suscite une réaction agressive contre les parents à *Auge,* puis une nouvelle fuite à *Trou,* sanctionnée par *Charrette.* A *Hésitation,* de nouveau exclu, Pattenoire est jaloux. Mais le test se termine par l'image compensatrice gratifiante de *Tétée 1,* où, les frères étant partis, Pattenoire jouit seul de sa mère. Il y a 12 identifications à Pattenoire.

Obs. 26. — Dans le cas de *Philippe,* fils unique de 10 ans, nous voyons le sujet, pour échapper à la frustration, se rejeter vers un substitut. Il choisit en premier *Portée* (ce sera aussi la plus aimée), mais sa jalousie d'un rival « possible » lui fait ici scotomiser les nouveau-nés de la planche. La deuxième est *Hésitation,* où il est dit que les petits sont heureux d'être bien nourris, mais où Pattenoire, trop grand, « doit s'occuper tout seul de lui-même ». Ce thème est toutefois suivi de l'expression de la nostalgie du

dans lequel il les décrit. **La première image choisie est en général très significative des problèmes majeurs du sujet testé.**

héros, qui voudrait bien être nourri comme les autres : « Il va s'en aller dans la campagne chercher un autre logis. Il va aller chez un fermier, y restera toujours et sera plus heureux que chez lui. Ce sera bien fait, car ses parents ne lui donnaient plus à manger; il y avait à manger pour les petits, mais pas pour lui. » Il y a 13 identifications à Pattenoire.

Obs. 27 — Voici un thème analogue chez *Didier*, 11 ans, qui débute par *Hésitation*, où la frustration est fortement soulignée en ces termes : « les parents n'aiment pas le petit à la tache noire; ses frères se moquent de lui; il est tout seul ». A *Nuit*, il veut partir « parce qu'il pense qu'il est laid et que tout le monde le chasse ». Alors il rêve d'être plus grand et plus beau : *Rêve P*, mais cette identi-fication au père n'est qu'un rêve. Dans la réalité, il trouve la *Chèvre* « qui lui donne du lait parce que sa mère ne veut pas lui en donner ». La dernière image décrite est compen-satrice de ses sentiments d'infériorité : c'est *Bataille*, où il est le plus fort. La compensation est réaffirmée à la fin, où Pattenoire, ayant grandi, part dans une autre ferme, où il sera bien mis (sic) et aura beaucoup à manger. Avec sa tache, il est laid, mais il ne l'aura plus quand il sera grand. Il y a 14 identifications à Pattenoire.

b) Frustration œdipienne

Obs. 28 — *Noël*, 14 ans, se montre très inhibé en passant le test : il rejette 10 planches et, pour les autres, donne des thèmes exagérément brefs. Le test débute par *Nuit*, où Pattenoire pense à s'en aller (pour fuir, bien entendu, la vue de l'intimité des parents). Il s'en va à *Trou*, est menacé : *Charrette*, puis trouve à se nourrir : *Chèvre*. Mais alors il pense à sa mère : *Rêve M* et revient *Tétée 1*.

Aux P.I., l'attachement à la mère se montre très fort, exprimé dans six images, tandis que le père est à peine mentionné. On est donc en droit de penser que la frustrations œdipienne a suscité une régression avec retour oral vers la mère, puisque, parti de *Nuit*, le test se termine sur *Tétée 1*. Il y a 15 identifications à Pattenoire.

Obs. 29 — *Suzanne*, 7 ans, fait au frontispice une double inversion : d'une part elle s'identifie à un Pattenoire de 4 ans; d'autre part, elle inverse le père et la mère, faisant du père le gros à la tache et aux mamelles. Ce thème du *père nourricier* sera maintenu par la fillette : c'est le père qui, à *Portée*, a pondu les bébés cochons, et c'est lui qui, aux *Tétées*, donne à boire à Pattenoire.

Les thèmes commencent par *Nuit*, l'image la plus attractive pour *Suzanne*, puisqu'elle sera aussi la plus aimée. La fillette voit, d'une manière purement descriptive, les parents et les enfants; mais elle souligne que « Pattenoire ne peut pas sortir ». C'est donc qu'il ressent un malaise de la situation et désire y échapper. La seconde image est d'ailleurs *Trou* « Pattenoire est tombé dans l'eau; il voulait aller à une maison pour chercher un coin tranquille ». A *Départ*, cela se confirme : « Il s'est sauvé parce qu'il voulait être tranquille dans la forêt, pour laisser ses parents. Il aime être en liberté, tranquille; il voulait se délivrer. » Ce qui confirme le malaise œdipien, c'est que *Baiser*, refusée au début, sera la moins aimée, ce qui est un thème rare, surtout chez les filles; bien que le thème ne l'explicite pas, on est en droit de penser que la fillette ressent une jalousie intense de l'intimité des parents et cherche à y échapper par la fuite.

Comme nous l'avons montré dans nos études sur le thème du Père nourricier dans le P.N., il s'agit d'un mécanisme de défense par inversion de l'Œdipe avec régression orale, mais cela ne suffit pas toujours pour supprimer la culpabilité œdipienne, et ce qui nous le prouve ici, c'est que les deux *Tétées*, bien qu'assumées, sont au début rejetées et non aimées, avec un thème d'ailleurs équivoque, probablement significatif d'érotisme : « Pattenoire suce les tétètes de son papa », alors que la mère étrangère, la *Chèvre*, est aimée avec le thème oral direct de « boire du lait ».

c) *Frustration double*

Dans un certain nombre de cas, il y a à la fois *frustration par rivalité fraternelle et par Œdipe.*

Obs. 30 — *Jean-Jacques*, 16 ans, enfant naturel, a été placé en nourrice jusqu'à l'âge de 7 ans, et il y était heureux. Repris par sa mère lorsque celle-ci s'est mariée, il a été maltraité par son parâtre et a fait de nombreuses fugues, alléguant chaque fois qu'il était malheureux à la maison. Il a deux frères et une sœur plus jeunes.

Il décrit 13 images. Les trois premières : *Rêve M, Tétée 1* et *Tétée 2* montrent son attachement à la mère; mais la troisième suscite la rivalité fraternelle, à laquelle répond *Bataille*, laquelle est suivie d'une fugue : *Départ* et *Trou*. A *Auge*, il retrouve sa maison, qu'il ne veut désormais plus quitter.

Il est à remarquer que, dans ce protocole, le père n'est jamais nommé : aux deux planches œdipiennes, les parents sont scotomisés; à *Baiser*, à leur place, c'est Pattenoire et sa sœur qui dansent; à *Nuit*, Pattenoire regarde des moutons. Les deux planches les plus aimées sont *Rêve M* et *Rêve P*, où le garçon voit deux fois la mère, déclarée la plus gentille. En revanche *Trou* est la moins aimée, avec une identification projective à Pattenoire : « A sa place, j'aurais peur. » Pattenoire sera donné à la fin comme le moins heureux; il aura cependant 12 identifications.

On voit donc s'associer ici, comme il est fréquent en clinique, la rivalité fraternelle et la rivalité œdipienne avec le père.

Obs. 31 — *Line*, 12 ans, aînée de cinq, commence son test par *Tétée 1*, où « Pattenoire est content d'être seul avec sa mère et n'a pas l'occasion d'être jaloux »; ce sera la plus aimée. Elle est suivie de *Tétée 2*, où la frustration de rivalité fraternelle conduit Pattenoire à la fuite : *Chèvre, Départ, Trou, Jars*. Mais à *Portée* : Pattenoire « va prendre les tout-petits et les jeter dans la pâtée ».

Soulignons que la moins aimée est *Baiser,* ce qui est rare, comme nous l'avons dit plus haut; l'attendu de ce choix est significatif : « parce que les parents ne s'occupent pas assez de leurs enfants et que Pattenoire, qui les regarde s'embrasser, est en colère; quand les parents l'ont vu, ils sont partis; alors il a couru après eux pour leur mordre les jarrets ». A *Auge* aussi où Pattenoire « fait pipi dans la mangeoire des parents pour se venger ».

2. *Thème de départ, avec nostalgie du retour*

Comme on l'a vu, le mode le plus fréquent de réaction aux frustrations des sujets narcissiques, c'est *la fuite dans la solitude*. Il apparaît que, par cette fuite, le sujet se soustrait au contact des responsables de la frustration, parents ou fratrie, et se défend par là même contre ses sentiments agressifs à leur égard. On doit en effet remarquer que, particulièrement dans l'enfance, l'agressivité entraîne par talion la culpabilité, et que cette culpabilité étant facteur de dépression, le sujet se défend souvent contre elle par le retrait narcissique.

Nous avons déjà mentionné que l'image *Départ,* où le petit cochon est seul sur la route, a dans les protocoles P.N. une place privilégiée, et qu'en particulier, elle est la plus souvent aimée de toutes les planches. Il en est de même, quoique à un degré moindre, pour *Trou,* en dépit du caractère d'ordinaire très anxiogène de cette image de solitude nocturne. Contrairement à la majorité des cas, ces deux images sont ici assumées, l'identification étant à Pattenoire dans 94 % des protocoles narcissiques, alors que statistiquement, il n'y a que 47 % d'identifications au héros dans *Départ* et 40 % dans *Trou.* On peut donc en conclure que le refuge dans la solitude exerce sur les narcissiques une attirance particulière. Mais si l'on se rappelle qu'il s'agit là d'une formation réactionnelle contre la dépression, on ne sera pas surpris que persiste, dans les profondeurs, un ardent désir de retrouver la sécurité de la maison familiale ou d'un substitut. Nous en avons déjà vu plusieurs exemples en parlant de la réaction des narcissiques à la frustration.

Intéressants aussi sont les cas où ce retour vers la sécurité de la protection familiale est un échec, et où se perpétue de manière dépressive la frustration initiale.

Obs. 32 — Ainsi, *Evelyne,* 16 ans, choisit *Tétée 1* en premier avec le thème « Pattenoire est heureux; il tète le lait de sa mère ». Mais aussitôt après se produit la frustration par rivalité fraternelle avec *Hésitation* « il se sent abandonné » suivie de *Bataille* « il n'est pas content; il se bagarre »; puis d'*Auge* : « il tient rancune à ses parents ». Il réagit à cette situation par la fuite : *Départ* et *Trou* « il en a assez; il s'en va; la nuit le surprend ». Et c'est alors le retour; mais un retour malheureux, car il est frustré à nouveau, sa mère s'occupant plus de « l'homme » qui est avec elle que de son enfant. L'hostilité de la jeune fille contre le personnage paternel s'exprime ici par le fait qu'elle se refuse à le nommer; ainsi, dans les deux images *Baiser* et *Nuit*, toutes les deux non aimées, avec des attendus bien révélateurs de la nostalgie du sujet. *Baiser* : « il est malheureux; sa mère ne s'inquiète pas de lui; elle a trouvé un autre cochon »; comme on lui demande qui est cet autre, elle répond : « Il voit ... sa mère ne lui appartiendra pas tout entière ... il faudra qu'il pargage son amour ... avec le cochon ... Pattenoire ne le connaît pas trop ... non ! enfin oui ! ... non ! non ! » Et *Nuit* répète exactement le même thème.

Nous avons là un exemple de *retrait narcissique dépressif* (nous en verrons d'autres plus loin). *Evelyne* s'identifie 15 fois à Pattenoire, donné par elle comme le moins heureux, incompris des siens, mais qu'elle trouve par là même sympathique et qu'elle préfère.

3. *Thème de retrait devant l'Œdipe*

Nous avons vu qu'une des causes les plus fréquentes du retrait narcissique est *la peur des pulsions œdipiennes*, qui les fait refouler. Mais même dans les autres cas, ceux où cette cause n'est pas au premier plan, on constate que, dans tous les protocoles de retrait narcissique, la situation œdipienne est profondément perturbée, comme le démontre l'étude des deux planches œdipiennes *Baiser* et *Nuit*, auxquelles on peut adjoindre *Rêve M* et *Rêve P*.

Certes, *Baiser* est d'ordinaire vue ici telle qu'elle est en réalité, comme relation tendre entre les parents. Mais cela est exprimé très discrètement, sans qu'entre aucunement en jeu la jalousie œdipienne et sans qu'il y ait jamais identification au parent de même sexe, comme cela serait normal. Même, il y a un certain nombre de cas où le thème est centré, non sur les parents, mais sur Pattenoire (les parents parlent de lui, ou bien sont joyeux de son retour et le manifestent en s'embrassant); et aussi des cas où les parents sont remplacés par des enfants, ce qui supprime purement et simplement la relation œdipienne. On a vu d'autre part que, tandis que d'ordinaire, cette image est une des plus aimées, étant choisie comme la plus aimée dans 23 % des cas, ce chiffre tombe à 15 % chez les narcissiques.

Par contre *Nuit* est très souvent l'objet d'un interdit. D'une part, elle est presque toujours réfusée au début, ce qui est à vrai dire banal. D'autre part, aux P.I., elle fournit un thème très déformé, tantôt un thème centré sur Pattenoire (comme pour *Baiser*), tantôt un thème où les deux parents, ou un seul, ne figurent pas. Davantage encore, dans un nombre assez important de cas, il est introduit une bête sauvage, laquelle symbolise par projection les sentiments agressifs du sujet, frappés d'interdit et ne pouvant de ce fait s'exprimer d'une manière directe. Cette projection nous explique que, le plus souvent, l'agressivité n'est pas dirigée contre les parents, mais contre le sujet lui-même.

Par exemple, *Jean-Daniel*, 12 ans, qui donne *Nuit* comme la moins aimée, dit que « Pattenoire regarde une bête qui se cache, un lièvre méchant; les parents sont partis; Pattenoire a peur … il va battre le lièvre et sera le plus fort ».

Alain, 8 ans, dit que Pattenoire regarde un mouton; « il y a une barrière pour ne pas que le mouton les tue ». Aux P.I., il dit que c'est un renard ou un loup, « qui vient pour manger les petits cochons ».

Jean-René, 10 ans, dit que « Pattenoire voit à la place des parents un renard qui voulait manger ses frères, et qu'il va le faire partir ». Nous avons fait remarquer plus haut que la projection peut nous induire en erreur sur la véritable origine de cette agressivité; le cas de Jean-René nous montre à l'évidence que la bête est bien la projection du sujet, car, à la fin du test, son héros demandera à la *Fée* d'être transformé en renard, « parce que c'est plus fort qu'un petit cochon », dit-il.

Les deux planches *Rêve M* et *Rêve P* peuvent aussi avoir une signification œdipienne : elles permettent au sujet d'exprimer son désir de prendre la place du parent de son sexe, qui représente la puissance dont il est pour le moment dépourvu. De sorte que les identifications se font d'ordinaire : pour le garçon, au papa dans *Rêve P*, et à Pattenoire rêvant à sa mère comme objet d'amour dans *Rêve M*; et réciproquement, pour la fille, à la maman dans *Rêve M* et à Pattenoire dans *Rêve P*. Chacune de ces deux planches est donc l'objet d'un choix particulier, et elles se trouvent souvent séparées, l'une étant par exemple aimée, l'autre non.

Or, nous avons vu à l'étude clinique qu'en cas de retrait narcissique, la relation triangulaire de l'Œdipe, avec ses sentiments contraires d'amour et de rivalité agressive, est remplacée par une *relation pré-génitale* qui est *binaire,* une relation de nourrissant-nourri, et qu'en conséquence, les deux parents, bien que reconnus dans leur identité sexuelle propre (comme dans le *Dessin de famille*), ne sont pas fonctionnellement différenciés l'un de l'autre; tous les deux sont vus dans une même perspective de gratification ou de frustration. Cela est manifeste dans le P.N. des narcissiques : il y est presque constant que les deux planches soient décrites ensemble, avec le même thème de relations affectives de type oral, et que l'identification s'y fasse pareillement à Pattenoire dans les deux. Il est également tout à fait caractéristique que, dans ces planches, comme nous l'avons vu déjà pour *Baiser* et *Nuit*, l'identification du sujet n'est jamais aux parents.

Voici par exemple *Claudie*, 12 ans, qui donne ces images conjointement comme les deux plus aimées : *Rêve M* « parce qu'il rêvait à sa mère quand il voulait rentrer (de sa fugue). Il rêvait qu'elle le caressait, qu'elle l'aimait bien. La mère est gentille; elle a le sourire ». Et *Rêve P* « parce qu'il se rappelait aussi son père, comme il le faisait jouer et le promenait. Il rêvait à cela quand il était parti de la maison. Le père est gentil ».

De même *André*, 15 ans : *Rêve M* « Il rêve de sa mère. Il la voit pleurer et se désoler en pensant à son fils, ingrat et égoïste ». *Rêve P* « Là il rêve de son père. Il le voit bouleversé et très peiné de sa disparition subite et voulue ».

4. *Thème d'oralité*

Quelle que soit la cause du retrait narcissique, on a vu que la rupture des relations affectives s'accompagne très souvent d'une régression à un stade préœdipien. Dans la majorité des cas, cette régression est *uniquement affective* et ne porte pas sur l'intelligence; on remarquera dans ce sens que les protocoles de P.N. de nos sujets trahissent un sens perceptif très juste et une excellente capacité de raisonnement, eu égard à l'âge du testé.

C'est la *régression orale* qui est la plus fréquente. Elle offre, comme on l'a vu, l'avantage de satisfaire au besoin qu'a le sujet anxieux d'une relation *aconflictuelle* et sécurisante. En cas de *rivalité fraternelle*, elle permet le plus souvent au sujet de se reporter à l'époque privilégiée où il n'avait pas à partager avec sa fratrie l'affection maternelle. En cas de *situation œdipienne* perturbante, elle tend à supprimer purement et simplement le conflit.

Nous avons déjà vu dans les cas exposés plus haut la fréquence de ce retour oral vers la mère, qui va très souvent avec l'élimination complète du père.

Mais nous devons dire que l'oralité est ici très souvent *conflictuelle*, la mère, bien que d'ordinaire au premier plan, étant fréquemment vue frustrante. Ce qui nous le prouve, c'est que le sujet, ne pouvant satisfaire à son désir d'une mère gratifiante, est fréquemment amené à se chercher un *substitut*; dans notre test, cette recherche se traduit dans nombre de cas par le choix préférentiel de la planche *Chèvre*, et le rejet plus ou moins total de *Tétée 1* et de *Tétée 2*, tant dans les thèmes qu'aux P.I.

Il advient aussi, quoique plus rarement, que le personnage choisi comme substitut soit le père, donné alors comme *père nourricier*, faisant les petits et les nourrissant de son lait à la place de la mère. Ce thème du Père nourricier, qui a été révélé par la pratique du test P.N., se rencontre dans environ un cas sur six.

Obs. 33 — Voici à titre d'exemple un cas où la fixation orale détermine tous les thèmes du protocole. *Michel, 10 ans*, s'identifie régressivement à un Pattenoire de 3 mois, qu'il appellera d'ailleurs plusieurs fois le « tout-petit ». Ses thèmes débutent par l'oralité : *Chèvre, Tétée 1* et *Tétée 2*. L'image de la *Chèvre* sera choisie comme la plus aimée. La relation avec la mère n'est donc pas des meilleures, puisque *Rêve M* exprime la crainte (négatif d'un désir, comme l'on sait) que la mère ait été emmenée à la boucherie; elle sera d'ailleurs à la fin déclarée la moins gentille (thème assez rare) « parce qu'elle ne donne pas beaucoup de lait ». Le thème de *Bataille*, seule image non aimée, est à ce point de vue très significatif : « Pattenoire et l'autre sont féroces parce qu'ils n'avaient pas de lait; ils avaient soif; leur mère ne voulait pas leur en donner parce qu'ils étaient trop méchants. »

Nous voyons donc que la frustration majeure est ici orale, et il est à remarquer que Michel a d'excellentes raisons d'être resté fixé à ce stade, puisque 3 mois, l'âge qu'il donne à Pattenoire, est l'âge où sa mère l'a abandonné. Dans le test, comme il arrive souvent, il tend à la fin à nier cette privation trop anxiogène, et il dit que « Pattenoire est le plus gentil, le plus heureux et qu'il le préfère parce qu'il est beau, adorable ». Il s'y identifie 15 fois.

Dans un certain nombre de cas, la défense par régression orale n'est pas suffisante pour annuler les sentiments œdipiens perturbants, et l'on constate alors que la culpabilité inhérente à ces sentiments persiste dans la régression, même si elle y est moindre. La pratique du *test P.N.* nous a en effet révélé que la relation duelle avec la mère de *Tétée 1* est très souvent frappée d'interdit; cette planche est en effet une des plus refusées au début, et elle est fréquemment « érotisée », ce qui nous explique qu'elle puisse causer au sujet un malaise la faisant rejeter dans les non aimées, avec un refus de l'assumer.

Obs. 34 — Typique est à ce point de vue *le P.N. de Serge*, garçon de 16 ans, qui s'identifie dans le *Frontispice* à un garçon de 15 ans, avec deux frères de 13 et 14 ans; comme il est le benjamin de trois garçons, on peut présumer qu'il se donne ici deux doubles régressifs; remarquons dans ce sens que celui de 13 ans sera privilégié, le plus choyé, le plus heureux.

Le test débute par deux planches œdipiennes, *Baiser* et *Nuit*, mais avec une grande réticence concernant les parents, puisque à *Baiser,* il les appelle « mâle et femelle ». et qu'à *Nuit*, il n'en parle aucunement, le thème étant entièrement centré sur Pattenoire, qui « profitant de ce que tout le monde dort, se sauve ». On peut considérer cette fuite comme causée par le malaise de la situation œdipienne, le sujet refoulant les sentiments que lui inspire la vue de l'intimité des parents. Suivent *Chèvre*, puis *Jars*, puis *Départ*, avec un thème original, en ce sens que ce n'est pas un départ, mais un retour à la maison où « il revoit sa mère et tout est réparé » : *Tétée 2*.

On doit remarquer ici que la fuite devant l'Œdipe (la peur des pulsions) fait régresser le sujet au stade oral, puisqu'il trouve la chèvre « qu'il prend pour sa mère ». Mais que cette image soit suivie de *Jars* doit nous faire réfléchir; en effet, *Jars* sera aimée, avec l'attentu : « Je me vois très bien aller embêter quelqu'un par exemple et puis recevoir une correction par ... ma victime. Je me vois très bien; ça arrive fréquemment ... oui, c'est bien Pattenoire qui est mordu; il reçoit une correction; on voit même les larmes qui coulent. Je me mets très bien à sa place. » Dans la mesure où cette planche peut symboliser la castration par un puissant, il est ici frappant, d'une part qu'elle soit aimée et décrite avec une complaisance masochique, et pleinement assumée; d'autre part, qu'elle suive *Chèvre*. On est en droit de penser que, comme nous l'avons dit, la régression orale devant l'Œdipe ne supprime pas complètement la culpabilité œdipienne, que la tétée, autrement dit, peut avoir une signification érotique coupable, susceptible d'entraîner la castration. Ce qui tend à le montrer, c'est que, une fois rentré à la maison, le sujet n'ose se mettre en relation seul avec sa mère (ce qui lui ferait choisir *Tétée 1*), mais y associe les deux frères, et d'ailleurs s'identifie à l'un d'eux, c'est-à-dire à un qui ne tète pas; ajoutons, ce qui confirme que, paradoxalement, *Tétée 2* sera la moins aimée de toutes.

En conclusion, on est en droit de penser que la fuite devant les pulsions œdipiennes, suivie de la castration acceptée, et la tentative en partie échouée de régression au stade oral, laissent subsister un malaise dépressif, dont Serge se défend par un retrait narcissique, sans cependant parvenir à échapper à la dévalorisation. Il s'identifie en effet 14 fois à Pattenoire, avec des attendus tels que : « Je me vois très bien à sa place » ou « on est presque obligé de prendre Pattenoire. » Mais, dans cette identification projective, il est le moins gentil « parce que, dans l'histoire, j'ai fait une fugue ». Le moins heureux « c'est moi, parce qu'il m'arrive des tas d'histoires, que mes deux frères sont jaloux de moi ». Le préféré de *Serge*, c'est masochiquement Pattenoire : « Je me préfère moi-même. » Et cependant, Pattenoire deviendra « un évadé, un fils perdu ».

Il est assez surprenant que *Serge* ne s'identifie que 2 fois au garçon de 13 ans, donné comme le plus heureux « parce qu'il est choyé par les parents ». Treize ans, c'est l'âge où *Serge* n'avait pas encore fugué, ni commis les petits délits pour lesquels il nous a été amené en consultation.

5. *Les associations de symptômes*

Nous venons de voir que le retrait narcissique peut être associé à d'autres mécanismes de défense, et notamment à une régression orale, ce qui détermine un tableau symptomatique particulier. On peut voir d'autres associations de symptômes, et leur interprétation permet une analyse fructueuse de la personnalité du sujet testé.

Obs. 35 — Voici le cas de *Claude*, garçon de 12 ans, qui ne fait plus aucun progrès depuis son entrée dans le secondaire. C'est un rêveur, constamment distrait, détestant l'effort, désireux que son travail soit fini tout de suite. Il faut dire qu'il a toujours été de petite santé : au début, il vomissait tout ce qu'il prenait et était devenu squelettique; puis, cela s'est amélioré. Ses parents, tous deux instituteurs, sont très exigeants pour son travail scolaire, d'autant que sa petite sœur, de 2 ans sa cadette, réussit beaucoup mieux que lui.

Au *Frontispice du P.N.*, il se fait fils unique, et les deux petits blancs sont des camarades qui voudraient bien se faire adopter; mais Pattenoire ne voudra pas, parce qu'il aurait alors moins à boire, et, à *Bataille*, il les fait partir. *Hésitation* sera de ce fait la moins aimée, on comprend pourquoi. Il aura 15 identifications à Pattenoire. Mais, de plus, il est fortement régressif, et dans *Portée*, il se voit dans un des nouveau-nés. En outre, Pattenoire est une fille, et ce sera maintenu dans tout le protocole, de sorte qu'à la fin, il deviendra une maman.

On doit remarquer que ce garçon fait un retrait narcissique, explicable à la fois par les frustrations dues à la sévérité des parents et par sa constitution native de Rétracté; que, du fait même de son chétivisme initial, il manque d'expansion vitale pour franchir les étapes de son développement et tend à régresser vers son premier âge, ce qui explique, et son identification aux nouveau-nés de *Portée*, et sa passivité devant l'effort scolaire; qu'enfin, dans ce mouvement régressif, qu'accompagne un recul devant l'Œdipe, il tend d'autant plus à s'identifier à une fille que sa jeune sœur est préférée des parents pour sa meilleure réussite scolaire.

6. *Le sentiment de toute-puissance*

Un des traits marquants du narcissisme est, on l'a vu, que le réinvestissement du Moi par la libido retirée aux objets (de par la rupture des relations affectives) aboutit à une véritable *inflation,* avec ce résultat que le sujet se croit personnellement détenteur de cette toute-puissance magique que, d'ordinaire, les enfants attribuent à leurs parents.

Nous avons constaté fréquemment *ce sentiment de toute-puissance* dans les protocoles du P.N., où le héros est donné comme le personnage central, le plus important, celui à qui il arrive le plus d'aventures, le plus fort ou le plus beau.

Mais il faut remarquer, comme nous l'avons dit déjà, qu'il s'agit là d'une défense du Moi contre un sentiment profond d'infériorité, de *dévalorisation.* Avec cette conséquence qu'on trouvera souvent le sentiment de toute-puissance exprimé *sous une forme optative.* C'est ainsi qu'à la fin du test, quand on demande au sujet ce que Pattenoire deviendra ou bien ce qu'il va demander à la *Fée,* la réponse qui est donnée trahit d'ordinaire le désir du sujet de se survaloriser.

Ainsi *Line, 12 ans* (obs. 31), dit que « Pattenoire va devenir un caïd, un costaud ».

Claudie, dit que « Pattenoire va demander à être transformé en bœuf, un mâle, un taureau, parce qu'il est grand et puissant, et possède des cornes ».

Gaston, 40 ans, psychotique (obs. 40), très obsédé par la crainte de castration, projette sur Pattenoire son désir d'être un éléphant « parce que c'est fort, indépendant, avec un gros phallus ».

Serge, 13 ans (obs. 34), exprime à la fin un double désir. Que Pattenoire « soit transformé en cheval, parce que c'est le plus beau, le plus fort, le plus intelligent des animaux, et celui qui court le plus vite ». Il demande aussi à la *Fée* d'être plus fort pour protéger sa petite sœur du *Jars*; or, dans le protocole, il se donne un double féminin, et c'est ce double qui est agressé par le jars, donc sa propre composante féminine; son désir exprime donc son besoin de surcompensation virile à sa crainte de castration.

Patrick, 10 ans (obs. 25), fait demander par Pattenoire à la *Fée* « d'être roi d'un royaume, mais un roi tout seul, avec un royaume désert, c'est-à-dire où il y ait beaucoup de choses, mais pas de personnes ni d'animaux dangereux ».

Catherine, 10 ans, demande à la *Fée* « de déguiser Pattenoire en roi, parce qu'il voudrait être roi ». Il est à remarquer que, dans le cas de cette fillette, au *test du bonhomme de Machover*, elle a dessiné un roi superbement vêtu, avec son épée au côté, et a fait de ce dessin le commentaire suivant : « C'est un roi dans la montagne; il a laissé tomber ses cent cavaliers parce qu'ils n'étaient pas forts; il y a des éclairs. Il va voir la reine dans la forêt. Il a son épée. » Ce roi solitaire, dont la force est telle qu'il se suffit seul, sans ses cavaliers, c'est évidemment un symbole narcissique typique.

Il apparaît, dans les cas donnés en exemple, que *la baguette magique de la Fée* symbolise bien la toute-puissance et favorise par là les fantasmes de l'enfant.

Il est des cas où cela s'exprime avec plus de force encore dans le protocole du test. Ainsi, chez *Pascal, garçon de 8 ans*, il y a 14 identifications à Pattenoire, avec l'attendu « qu'il est plus amusant d'être Pattenoire qu'un cochon qui ne fait rien ». A la fin, le comportement du héros le fait déclarer le moins gentil, mais il est cependant le préféré du garçon, car « il est le plus heureux, parce que, avec la *Fée*, il pourra obtenir tout ce qu'il désire ». Et plus tard, il deviendra « le cochon le plus populaire du monde, et il visitera tous les pays ».

Invité à dessiner le « Rêve de Pattenoire », il figure Pattenoire en grande intimité avec la *Fée*, s'inspirant pour son dessin de l'image *Baiser*, mais avec cette particularité que Pattenoire possède des ailes, comme la *Fée*.

Or, son protocole exprime tout au long une forte frustration parentale, surtout maternelle (ce qui correspond d'ailleurs à une frustration importante dans la réalité). Il apparaît donc qu'il y a ici récupération de la toute-puissance perdue, mais de manière magique, avec l'aide de la *Fée* — et d'autre part que les liens de Pattenoire avec la *Fée* sont des liens narcissiques d'identification, puisque Pattenoire, comme la *Fée*, a des ailes.

En voici un autre exemple, encore plus saisissant :

Obs. 36 — *Hervé, 7 ans*, aîné de deux, dont la petite sœur a un an de moins, est d'un caractère jaloux, jalousie encore attisée par le fait que la fillette est plus débrouillée que lui et plus avancée à l'école ; il va jusqu'à la frapper et la traîner par les cheveux. Il a très mauvais caractère, s'emporte facilement et ne se fait pas de camarades. Il a toutefois un très bon ami, mais il se montre avec lui très exclusif et se fâche quand il se lie à d'autres. Ajoutons qu'il y a chez ce garçon un *élément dépressif* marqué : à plusieurs reprises, il a pleuré en disant à sa maîtresse d'école : « Je n'en peux plus ; personne ne m'aime. » Le fait est qu'il est souvent maltraité par les autres écoliers, et qu'il a de bonnes raisons de se sentir inférieur aux autres, car il est petit, gracile et maladroit dans sa démarche.

Sa mère, à ce qu'on dit, l'aurait beaucoup choyé, mais il faut remarquer qu'elle est très narcissique, et aurait voulu dès le début qu'Hervé se conduise déjà comme un petit adulte.

Son *test P.N.* met au premier plan *le problème de la toute-puissance*. Dès le *Frontispice*, Hervé, qui donne à Pattenoire 1 an, c'est-à-dire l'âge qu'il avait juste avant la naissance de la petite sœur, l'appelle « le défendeur de tous les autres ». Et, dès qu'il a examiné toutes les planches, avant même de commencer son récit, il parle de la baguette magique « qu'on donnera à Pattenoire pour le protéger ». Il placera d'ailleurs la *Fée* parmi les images qu'il retient, en disant : « C'est l'anniversaire de Pattenoire; il a le plus beau cadeau du monde, la baguette magique, et quand quelqu'un l'embêtera, il va le faire disparaître. »

Il verra aussi Pattenoire comme disposant d'une grande force défensive. A *Charrette*, où le paysan est donné comme un voleur de cochons, Pattenoire le fait dégringoler et lui casse la jambe. A *Jars*, Pattenoire, pour défendre le cochon attaqué, brise les deux ailes de l'aigle. A deux reprises aussi, Pattenoire fait échouer par sa ruse l'agression du *Jars* et de la *Chèvre*, dont le bec ou la corne vont rester enfoncés dans le sol, les paralysant.

Dans ce test, les relations avec les parents sont mauvaises : ils n'aiment pas Pattenoire, et lui, de son côté, n'aime personne « car tout le monde est méchant; *il préfère sa baguette magique* ». Et *Hervé*, de tous les personnages du test, préfère Pattenoire, bien qu'il soit le moins gentil parce qu'il n'obéit pas et ne fait que ce qu'il veut; il le préfère « à cause de la baguette magique » et il s'y identifie 14 fois.

Il nous faut souligner particulièrement le thème de *Portée*. Refusée au début, ce qui indique une forte agressivité d'élimination à l'égard des nouveau-nés (donc, pour *Hervé*, à l'égard de la petite sœur), cette planche est ensuite placée dans les non-aimées et décrite avec une forte charge d'agressivité. Le thème en est « que le bonhomme est un bandit qui veut tuer la maman en lui mettant de la paille dans son truc, et si les petits mangent la paille, ils vont mourir aussi. L'autre bonhomme met du poison dans l'auge, et si les petits y boivent, ils vont mourir; les trois qui regardent vont mourir aussi et être mangés ». Dans cette planche, l'identification d'Hervé est à Pattenoire qui, « avec sa baguette magique, va faire ouvrir toutes les cages et délivrer les cochons. Il va aussi leur dire de ne pas manger dans l'auge, mais la maman y mange et elle va mourir; si les petits ne boivent que le lait de la tétée, ils ne mourront pas ». Il apparaît comme très probable qu'*Hervé* projette ici sa très forte agressivité refoulée sur les fermiers, comme cela se produit souvent par mécanisme de défense lorsqu'une tendance est fortement censurée; que, par contre, il s'identifie, lui, à un Pattenoire sauveur, lequel ne réussit cependant pas à empêcher la mère d'être empoisonnée.

Soulignons que la baguette magique est manifestement ici un *symbole phallique de toute-puissance* (Pattenoire « aime sa baguette magique » et *Hervé* aussi), que, par ailleurs, le héros est donné comme surclassant les puissances phalliques du voleur, du jars, de la chèvre (avec leurs attributs phalliques : jambe, aile, corne), que par son action il réussit à « châtrer ». Ajoutons à cela qu'il est le plus heureux « parce que le plus fort du monde », et qu'il demandera à la *Fée* de le transformer en éléphant ou en lion, parce que ce sont les plus fortes de toutes les bêtes. Il est légitime de penser que le caractère obsédant de ce thème surcompense une forte crainte inconsciente de castration.

Remarquons encore que cet appel à la toute-puissance magique (et l'identification narcissique qui y est liée), est un véritable *escamotage des étapes évolutives* qui, normalement, aboutissent à l'Œdipe et à son dépassement; c'est-à-dire qu'au lieu de viser à l'acquisition progressive, par un processus de maturation, des pouvoirs du père et à l'identification à celui-ci (totalement absente du protocole, on l'a vu), l'enfant veut obtenir ces pouvoirs immédiatement et sans effort, par magie, comme nous l'avons dit déjà au Livre I. Il convient de souligner à ce propos la forte tendance à la régression orale de ce garçon : à *Portée*, il est dit que « les tout petits vont mourir s'ils mangent à l'auge la nourriture mise par les hommes, mais seront saufs s'ils tètent seulement le lait de leur maman »; à *Nuit*, aucun thème œdipien, mais un thème oral « Les parents dorment; tout le monde dort, sauf Pattenoire; lui, il revient de la chasse; il pose le gibier sur la table; après il va s'endormir; ils le mangeront le lendemain matin ». Enfin, Pattenoire puise sa force dans la nourriture : à *Charrette*, après avoir brisé la jambe du voleur, il va manger, car il a faim; à *Jars*, il n'a pas assez de force pour se défendre; alors il va téter la *Chèvre* et après, il cassera les deux ailes à l'aigle.

7. *Le retrait narcissique dépressif*

Comme nous l'avons dit déjà et montré par des exemples, la dépression est toujours présente dans la personnalité des sujets qui font un retrait narcissique, car, dans beaucoup de cas, celui-ci ne la compense qu'en partie.

Il est cependant des cas où l'humeur euphorique et le sentiment de puissance sont au premier plan, et d'autres où la régression orale efface tous les sentiments dysphoriques.

Mais à côté de ces cas, il en est d'autres où, à l'inverse, l'état d'âme dépressif se manifeste nettement, en dépit du retrait narcissique, d'un bout à l'autre du protocole, où Pattenoire est à la fin donné comme *le moins heureux*, honteux de sa tache noire, mais avec cette particularité qu'il est cependant *le préféré* du sujet, lequel, identifiant son propre sort à celui du héros, vibre en sympathie étroite avec lui.

Nous avons déjà vu dans ce sens le cas d'*Evelyne, 16 ans* (obs. 32), qui exprime dans son test son histoire personnelle et le vide affectif que lui cause le manque d'affection de ses parents. On a vu qu'elle préfère Pattenoire « parce qu'il est incompris et malheureux », et qu'elle s'y identifie 15 fois. Comme convergence d'indices, notons qu'elle donne l'*âge d'or* de 0 à 6 ans « parce qu'on n'a pas de soucis », et elle évoque à ce propos son séjour à la montagne à l'âge de 6 ans, où elle a été, dit-elle, très malheureuse de ne jamais voir ses parents, ce qui l'a confirmée dans l'idée qu'ils l'abandonnaient.

Obs. 37 — Voici le cas de *Jacques, 13 ans*, troisième de 7 enfants. Il passe le test sans allant, parle d'une voix triste, mais se montre sérieux et méthodique dans le choix des planches. Il n'en retient que cinq, commençant par un thème de rivalité fraternelle : *Bataille*, puis *Baiser*, où le thème, original, est que « un petit cochon console la petite fille qui est tombée ». Mais Pattenoire est parti, et les autres ne le retrouvent pas; le fermier de *Charrette* va le prendre et l'emmener à l'abattoir : « le petit cochon va se débattre, puis il va mourir » (cela est dit avec une grande émotion). De nouveau nous avons le *Départ*, où Pattenoire, après s'être perdu, retrouve le chemin de sa maison, puis *Portée*, où les grands sont frustrés, ne peuvent s'approcher de leur mère et vont aller vers leur père.

Dès thèmes aux P.I. s'opère un aménagement, qui souligne le désir d'indépendance du garçon, car *Départ* et *Chèvre* sont les plus aimées. Par contre, *Charrette* est la moins aimée, avec une esquive, car ce n'est plus Pattenoire qui est menacé, c'est une petite sœur, et d'ailleurs, Pattenoire va réussir à la sauver; défenses successives qui traduisent bien l'anxiété du garçon devant cette scène. L'Œdipe est esquivé. On a vu le thème de *Baiser,* où les parents sont remplacés par deux petits. A *Nuit, Jacques* ne voit pas les parents, mais « un bélier qui s'est introduit et qui cherche une proie ».

L'oralité est conflictuelle : les images de tétées, refusées au début, sont ensuite non aimées, sauf *Chèvre,* ce qui indique la préférence accordée à la mère de substitution.

Pattenoire est donné à la fin comme le moins gentil, parce qu'il taquine et tape ses sœurs; il est toutefois le plus heureux « parce qu'il est le plus vieux et qu'il comprend mieux ». Mais cette affirmation est une défense, car, à la question : Que deviendra-t-il ? *Jacques* répond : « Il sera tout seul, parce qu'il n'aime pas ses sœurs; il se promènera dans la forêt à chercher sa nourriture; *il sera pauvre et malheureux,* ne trouvera pas de nourriture. Il cherchera à revenir avec les autres et alors il sera heureux. »

Il a 16 identifications à Pattenoire, avec des attendus parfois surprenants, mais qui sont bien caractéristiques de la position narcissique : parce qu'il est fort (*Tétée 2*); parce qu'il est rusé (*Portée*); parce qu'il fait l'imbécile (*Trou*); parce qu'il est mauvais (*Bataille*); parce qu'il aime taquiner (*Baiser*).

Obs. 38 — *Andrée, jeune fille de 16 ans,* nous a été amenée pour des fugues répétées, que son histoire familiale explique suffisamment. En effet, née d'une mère célibataire, *Andrée* a été élevée et gâtée par ses grands-parents jusqu'à l'âge de 9 ans. Quand sa mère a voulu la reprendre, elle refusait de la suivre, pleurait, boudait et ne voulait pas manger. La mère ayant réagi à cette attitude en refusant à l'enfant durant quatre années de voir ses grands-parents, on imagine assez la frustration qui a pu en résulter;

d'autant que la mère de la jeune fille ne lui a montré aucune tendresse : elle la juge devant nous très péjorativement, la déclare une bonne à rien et nulle en toutes matières, alors que ses professeurs l'estiment intelligente. Il est vrai qu'elle se montre passive, ne s'intéresse à rien, passe des journées entières sur son lit avec des revues illustrées, sans s'habiller ni se laver. Elle n'aime pas sortir, n'a aucune camarade. Elle dit qu'elle n'aime pas son frère, né dix ans après elle d'un autre père.

Son *test P.N.* débute par une réaction de fuite à propos d'une frustration : *Départ* « Pattenoire s'en va dans la montagne; il est parti parce qu'il se disputait avec ses frères et sœurs; ses parents le battaient à cause de ça. » Pattenoire rencontre une oie qui le maltraite (*Jars*), puis une *Chèvre* qui le nourrit. Mais à partir de ce moment, rêvant à sa mère et à son père, il désire revenir. Il passera par bien des aventures avant de retrouver les siens. Alors, c'est la grande réconciliation, et les planches de *Bataille*, *Baiser* et *Auge* sont toutes les trois données, avec déformation, comme joyeuses réunions de famille. La fin est très moralisante : « Pattenoire regrette amèrement; il ne recommencera plus jamais, car cela ne sert à rien qu'à faire de la peine à ses parents et à leur provoquer un grand chagrin qui pourrait les abattre et peut-être les faire mourir de désespoir. »

En conséquence, aux P.I., la plus aimée est *Baiser*, où le thème est que Pattenoire a retrouvé sa mère et en a beaucoup de joie. Et la moins aimée est *Départ*, qui exprime sa culpabilité. La frustration s'exprime aussi par le refus des deux *Tétées* (alors que la *Chèvre* est mise au premier plan) et par le refus de *Portée*, lequel nous indique combien *Andrée* a dû ressentir de jalousie à la naissance de son petit frère.

L'Œdipe n'est pas vu. A *Baiser*, après avoir dit aux thèmes que c'est le retour de Pattenoire, qui saute au cou de ses frères et sœurs, aux P.I., elle voit Pattenoire retrouvant sa mère, et elle ne parle aucunement du père. A *Nuit*, elle dit que Pattenoire s'est égaré dans une étable de moutons étrangers.

Il y a 15 identifications à Pattenoire, mais avec *une note dépressive*, car, s'il est donné à la fin comme le plus gentil, il est toutefois le moins heureux parce qu'il se dispute souvent avec ses parents à cause de sa fratrie. Elle reconnaît donc sa culpabilité, et, loin d'accuser sa mère, comme on aurait pu le penser en considérant l'histoire clinique, elle la voit dans le test d'une manière optative comme une bonne mère, vers laquelle elle se réfugie. Cela va évidemment avec le thème, souligné par nous comme important, de joyeuse réconciliation familiale, et avec la fin moralisante donnée plus haut. C'est qu'à la suite d'un placement motivé par ses fugues successives, *Andrée* a la hantise de l'éviction, et, pour y parer, « plaque » sur sa conduite un repentir qui n'est sans doute pas tout à fait sincère.

Nous pensons que la véritable personnalité d'*Andrée* est celle qui s'exprime par le thème initial de la planche *Départ*, et par le retrait narcissique des 15 identifications à Pattenoire, traduisant chez cette jeune fille un désir profond de rompre avec des relations affectives qui ne lui apportent aucun réconfort.

Obs. 39 — *Gérard, 14 ans*, se présente comme un sujet timide, inhibé, peu affectueux, aux dires de sa famille. Confié dès sa naissance à une nourrice et maintenu chez celle-ci alors qu'il naissait dans la famille deux autres enfants, il apparaît qu'il a été frustré d'affection maternelle, et que ses réactions hostiles, quand il a enfin pu réintégrer la maison, l'ont fait rejeter un peu plus. Il est manifeste que le mari de sa mère, qui n'est pas son père, ne l'a jamais bien accepté.

Au *test P.N.*, il voit au *Frontispice* Pattenoire avec sa mère, et les deux petits blancs, appartenant à une autre famille, avec leur propre père (le gros blanc), ce qui paraît traduire assez bien la manière dont *Gérard* voit sa situation familiale. Assez inhibé, il réfléchit longuement avant de faire son choix d'images, et il finit par refuser *Auge*, *Baiser* et *Jars*. De surcroît, il ne fournira que des thèmes très brefs, composant une seule histoire avec les 13 images retenues.

Départ : « C'est pour le coup de l'évasion ... il a dû se perdre et il cherche son chemin ». Il s'endort (*Charrette*), puis rêve aux siens (*Rêve P et Rêve M*). Il se réveille, se met en route et, le soir venu, il trouve une *Chèvre*. Il tombe dans un fossé (*Trou*) puis il arrive à la ferme (*Nuit*) ...... (longue inhibition) ...... Il voit sa mère couchée là (*Portée*) ... là, il est avec des amis le lendemain (*Hésitation*); puis il est avec sa mère (*Tétée 1*), les deux copains accourent (*Tétée 2*) ... ils vont jouer dans une mare d'eau (*Jeux sales*); ils se disputent pendant la baignade (*Bataille*).

L'agressivité est très atténuée dans ce test, car, même à *Bataille*, il est dit aux P.I. que « les cochons s'amusent ».

L'Œdipe est complètement esquivé. *Baiser* est deuxième aimée, avec le thème que « Pattenoire est heureux avec l'autre petit cochon, un enfant du gros blanc »; comme cette planche était l'une des trois refusées au début, on peut penser que son refoulement était en rapport avec l'Œdipe, et qu'il est intervenu ensuite un mécanisme de défense par déplacement, les parents étant remplacés par des enfants, défense très fréquente, on le sait, qui permet à Pattenoire de prendre sans culpabilité la place du père, mais auprès d'un substitut maternel. *Nuit* a, plusieurs fois au cours du test, attiré l'attention de *Gérard,* qui a tout d'abord esquivé la scène en disant : « Pattenoire arrive à la ferme », ce qui a été suivi, on l'a vu, d'une très longue inhibition; puis, après avoir parlé de *Portée* aux P.I., il a demandé soudain, en regardant la planche nocturne : « Qui est-ce qui est à côté, là, c'est un chien ou un loup ? » (en montrant un des gros); pour enfin la donner comme douzième aimée avec le thème « il est un peu inquiet parce qu'il voit cet espèce d'animal qui est avec sa mère, là ... et il ne distingue pas ce que c'est ... il va rentrer pour voir ». *Gérard* tend donc fortement à éliminer le couple des parents, et surtout le père, puisque celui-ci ne figure, ni au *Frontispice,* ni à *Nuit,* la relation ne s'établissant qu'avec la mère, ce que nous savons représenter un refus de l'Œdipe. A la question finale : Que va devenir Pattenoire ?, il répond : « Il va être avec un des deux-là, comme sur une des photos (désigne *Baiser*) ... ils feront ensemble une famille ...Pattenoire serait marié avec cet autre cochon. » Il est à souligner, à propos de ce trouble œdipien, que *Gérard* a dormi jusqu'à 3 ans dans la chambre du couple nourricier, puis jusqu'à l'âge de 11 ans dans la chambre de la jeune fille, qui était de 10 ans son aînée; on comprend donc qu'animé de désirs incestueux, il ait pu les transférer sur celle-ci.

Le test de *Gérard* est fortement marqué de *tendance dépressive.* Aux thèmes, on l'a vu, son départ échoue, et il s'efforce de rentrer à la maison, mais c'est pour y trouver ses parents dans leur intimité nocturne, et la venue au monde des petits frères rivaux. D'autre part, après *Bataille,* aimée, où est évoquée la rivalité fraternelle, mais vue coupable, puisque *Gérard* refuse de l'assumer, l'humeur dépressive prend le dessus, et, devant les planches *Départ, Charrette, Trou* et *Nuit,* il dit « ils sont tous malheureux là » : celui-là (*Départ*) parce qu'il veut retourner chez lui; là (*Charrette*) parce qu'il voit que ses parents abandonnent tous les petits cochons pour qu'on les emmène à l'abattoir; et là parce qu'il voudrait rentrer chez lui (*Trou* et *Nuit*).

Gérard aura 13 identifications à Pattenoire, mais il le donne comme le moins gentil, « parce qu'il se bagarre et lance de la boue sur la tête de sa mère »; et le moins heureux, « parce qu'il est toujours en train de se battre, il est poursuivi par les oies et il s'échappe de la ferme ». De plus « il est tout triste de sa patte noire parce qu'il n'est pas comme les autres ».

Dans ce cas encore, le retrait narcissique ne parvient pas à effacer l'humeur dépressive du sujet, manifeste aussi cliniquement, comme on l'a vu.

V. LE RETRAIT NARCISSIQUE
CHEZ LES PSYCHOTIQUES

Le retrait narcissique s'observe souvent chez les sujets atteints de psychose. Mais il n'y offre pas exactement les mêmes traits que chez les névrotiques, en ce que le processus d'isolement et la rigidité du Moi y sont beaucoup moins marqués, et qu'on y observe par contre, avec une grande intensité, *la confusion du Moi et du Non-Moi*, caractéristique, comme l'on sait, des tout premiers stades de l'existence enfantine.

Cela se traduit notamment par *une constante identification projective*, indiquant que le sujet ne prend aucun recul par rapport aux situations représentées et se confond sans aucune réserve avec le héros de ses récits. Nous avons vu cette identification projective se manifester déjà dans les observations citées; mais d'une part, elle ne se produisait que dans certaines scènes où le sujet se trouvait totalement engagé; et d'autre part, il s'agissait d'enfants, c'est-à-dire de sujets beaucoup plus proches du stade premier de confusion Moi, Non-Moi. Chez les psychotiques, l'identification projective a un caractère beaucoup plus accentué : d'une part, comme nous venons de le voir, elle est constante; d'autre part, il s'agit le plus souvent d'adultes, et une régression très marquée est souvent à cet âge signe de psychose.

Cela va d'ailleurs ici avec *l'expression très crue des tendances* suggérées par les planches, le sujet s'y engageant à fond, sans aucune de ces prises de distance qu'utilisent habituellement les névrotiques. Un pas de plus, et l'on ne sera pas surpris que les psychotiques puissent dériver facilement vers des *récits autobiographiques*, comme on va le voir.

Un autre trait des psychotiques est que les *tendances mégalomaniaques*, caractéristiques du narcissisme, s'expriment souvent avec beaucoup de force, en un véritable *délire des grandeurs*.

Obs. 40 — *Jérôme, 23 ans*, est atteint de *schizophrénie délirante*. Il est l'aîné de trois, avec deux sœurs. Ses parents sont des gens bizarres, instables, changeant souvent de pays. Quant à lui, il a toujours été nerveux et désobéissant, mais nous ne savons rien de sa première enfance. Etudiant, il surprend depuis quelques mois ses camarades par sa tendance à ne parler que de lui, de sa vie, de ses problèmes. Il entre brusquement dans la psychose par une grande crise d'anxiété, avec un sentiment pénible de dépersonnalisation. Il a le sentiment aigu d'un dédoublement; il dit : « Je ne sais si je dois me mettre près de mon père ou près de ma mère. » Il confie à un ami qu'il y a deux personnes en lui, l'une analysant, l'autre se battant. Il dit de lui-même dans son délire : « Doit-on me tuer ou ne pas me tuer ? » Au début de sa crise, il voulait constituer un orchestre de Jazz, les « Black and White », qui aurait associé trois musiciens blancs et trois noirs.

Très amélioré de ses troubles au bout de quelques jours, il passe très volontiers le *test P.N.* (il ne saurait être question, bien entendu, de soumettre à ce test un sujet en état de psychose aiguë).

Il donne des thèmes qui sont la projection directe de ses tendances, sans aucune défense. Dès le *Frontispice*, il fait une identification projective et dit : « Pattenoire ? à la fois garçon et fille ... mon âge ... supposons que je me mette dans la situation, que je sois ce petit cochon; ces deux-ci seraient mes sœurs et voici mon père et ma mère. »

Dès les premières images, *Jérôme* « décolle » rapidement du thème de l'image et expose ses problèmes personnels. *Rêve P* « un petit cochon qui dort et pense à son papa. Le petit cochon, c'est moi; son père, c'est Monsieur (ici le nom de son père). Il pense que son père est un très grand monsieur ... mais qui n'a pas eu la possibilité de faire des études et par conséquent de comprendre son fils très loin ». Il ajoute, commentant toujours cette même image : « Le petit cochon ne savait plus vers qui se tourner, ni vers son père, ni vers sa mère, parce qu'il avait un petit peu plus d'instruction et qu'il n'arrivait plus à communiquer de façon rationnelle avec des termes qui n'étaient pas compris par le papa. »

Puis *Baiser* : « Je crois que c'est le papa et la maman, je ne vois pas pourquoi il y a une tache sur la maman, je l'aurais préférée sans tache ... c'est une maman que j'ai qui est exclusive et qui veut que son amour pour moi soit le plus grand amour de la terre, qui a du mal à comprendre que j'ai une petite amie ... que je veuille une fois faire la même chose qu'elle ... me marier. »

Ces deux thèmes fournissent l'essentiel du test. En premier, *Jérôme* reproche aux siens, à son père surtout, de ne pas le comprendre. Ce mot « comprendre » reviendra souvent. *Jérôme* se targue d'avoir compris la vie. A la fin, il fera demander par Pattenoire à la *Fée* d'être changé en un homme d'âge mûr « parce qu'à mon âge, on n'est pas capable de comprendre encore tout de la vie ». Et il donnera Pattenoire comme le plus heureux, en disant : « C'est moi ... mais tous les autres aussi; cependant Pattenoire est le plus heureux parce qu'il a trouvé la réponse. » Il dira aussi que son personnage préféré dans le test, c'est une de ses sœurs « celle qui souffre le plus, parce qu'elle n'a pas compris encore ». Enfin, *l'âge d'or*, pour lui, « c'est l'âge où l'on est en état de comprendre ses parents ».

En second, *Jérôme* reproche à sa mère de ne pas le laisser se libérer d'elle. Cela culmine dans son interprétation très originale de *Jars* : au début du test, regardant rapidement cette image, il avait dit : « Un petit cochon qui veut partir; celle-là, je n'en veux pas. » Il la reprend plus tard en disant : « Je voudrais que ce petit cochon, il fasse comprendre à cette oie, qu'il lui fasse comprendre qu'il a envie de partir et il pleure parce qu'il a envie de partir, et l'oie ne se rend pas tellement compte ... elle se rend compte, mais malgré tout ...... c'est comme si c'était ... je vois à la place de cette oie autre chose : je vois, disons, une maman-cochon ... et qui, elle, a envie qu'il reste. Je n'ai pas trouvé d'image correspondante, alors je me suis servi de celle-là. » Cette image sera non aimée et suscitera alors chez le jeune homme un véritable malaise anxieux. « Le petit cochon qui part en pleurant ... je ne comprends pas

cette image ...... je crois que je préférerais arrêter le test »;
et ce sera la seule identification à Personne. La comparaison
des deux thèmes est très éloquente; il est évident que ce
jeune homme qui, paralysé par son attachement morbide
à sa mère, n'a jamais « connu » de femme, ressent l'emprise
de sa mère comme une vériable émasculation, ce qui
explique son angoisse.

Son désir d'indépendance est toutefois fortement con-
trecarré par le désir contraire de la protection familiale.
Et, à *Départ*, qu'il décrit troisième, il dit : « Un petit
cochon qui rentre à la maison et qui va demander pardon
pour tout le mal qu'il a fait »; ce sera la plus aimée « parce
que c'est la seule chose à faire dans mon cas : retourner à
la maison ... on avait oublié qu'on avait des parents ».
En revanche, *Trou* sera la moins aimée « parce qu'il est
perdu dans la nuit ».

Soulignons en outre que l'intention nettement exprimée
par *Jérôme* de conquérir son indépendance et de se marier
n'est qu'*optative*, car l'on constate par ailleurs chez lui une
très forte *régression orale* : c'est ainsi qu'il réagit avec
exaltation à la vue de la *Chèvre* : « Ah ! l'alimentation !
quand il était petit, il n'a pas pu être alimenté par sa mère;
alors il s'ensuit que maintenant, il mange son orange comme
ça (ici il prend une orange déjà entamée et se met à la
sucer par des mouvements de bouche de tétée); vous com-
prenez ? ... Autre chose, quand il dort, il se renferme sur
lui-même comme un embryon dans ... c'est-à-dire qu'il faut
qu'il dorme comme ça (fait le geste correspondant). Il faut
se rendre compte qu'il y a quelque chose qui n'a pas marché
comme il fallait lorsqu'il a été mis au monde; *il retourne
à ses sources* ». Ajoutons que, en vertu de cette même tendance régressive, il s'identifie dans *Portée* à Pattenoire vu

dans un des nouveau-nés. Il aura au total 10 identifications à Pattenoire.

Obs. 41 — Voici le cas très particulier d'un *psychotique de 40 ans*, dont nous avons déjà parlé plus haut à propos de son désir (exprimé par Pattenoire) d'être transformé en *éléphant*. Il s'agit d'un célibataire, très intelligent, mais affectivement immature, qui n'a jamais pu se libérer de ses liens œdipiens avec sa mère. Il a fait déjà plusieurs accès dépressifs curables, mais depuis l'année dernière, il est plongé dans un état délirant très accusé, à thème de culpabilité et de damnation, accompagné de troubles psycho-somatiques importants. A la suite d'une psychothérapie, il s'est amélioré, tout en restant dépressif. Ajoutons qu'il a été rendu conscient de ses liens incestueux, mais ne parvient pas à s'en dégager.

Il fait de Pattenoire un garçon de 3 ans : c'est l'âge qu'il avait quand sa sœur est née, sœur avec laquelle il est en forte rivalité.

Son test débute par *Portée*, où s'exprime la frustration : « Pattenoire voudrait bien téter sa mère, mais il n'y a pas moyen, car la tétée est réservée à l'autre portée. » Alors, il se satisfait en rêve : *Rêve M*. Suit la séquence *Hésitation* et *Tétée 1*, compensation de la frustration. Mais ensuite, il va de frustration en frustration : rivalité fraternelle : *Tétée 2*, *Bataille*, suivie de la punition par le *Jars*. Puis frustration œdipienne : *Nuit* et *Baiser*, qui excitent sa jalousie et son désir de vengeance : *Auge* et *Charrette*. Le test se termine par une tentative d'indépendance et de fuite : il rêve qu'il est grand et fort comme son père, *Rêve P*; il s'en va, *Départ*, mais se trouve en danger, *Trou*, et obtient le secours de la *Chèvre*.

Le sujet s'identifie 15 fois à Pattenoire, avec une forte tendance projective : « Je ressens l'histoire comme si j'étais

Pattenoire. » Aux P.I., un thème est plus nettement exprimé : c'est le désir du sujet de devenir fort et indépendant comme son père, et de partir de chez lui pour pouvoir se développer et prendre femme. Mais il est conscient de ce que ce n'est pas possible, qu'il n'est pas assez fort : (*Rêve P*), qu'il ne peut s'aventurer seul dans la vie (*Trou*), qu'il rêve toujours trop à sa mère (*Rêve M*).

Ce qui est bien particulier à ce test, c'est que le sujet, resté fixé au stade oral, *confond oralité et sexualité* dans une même formulation. A *Rêve M,* il dit « qu'il voudrait bien qu'elle soit pour lui tout seul pour pouvoir la téter et même avoir un rapport sexuel avec elle ». Il se rejette vers la *Chèvre* : aux thèmes, il dit : « Pattenoire trouve une chèvre; il est encore trop jeune pour avoir un rapport sexuel avec elle; alors il la tète », et aux P.I., où elle est l'image la plus aimée, il dit que « Pattenoire lui suce le sein; ce n'est pas la mère; le lait de la chèvre est meilleur; c'est sa femme », et il s'identifie à Pattenoire en disant : « J'ai ressenti l'histoire comme si j'étais lui; il suce le sein d'une femme. »

Le problème clinique de l'attachement excessif de ce célibataire à sa mère s'exprime de façon transparente ici dans l'image *Jars*, qui est la moins aimée : « Pattenoire se fait mordre la queue par une cane; elle veut le castrer », avec identification projective à Pattenoire : « Je suis celui qu'une mère phallique a voulu castrer [4]. »

La frustration par rivalité fraternelle s'exprimera encore aux questions de la fin, où la sœur est donnée comme la plus gentille et la plus heureuse « parce que préférée du

---

[4] Il faut évidemment faire ici la part de l'information psychanalytique que ce patient a reçue au cours de son traitement. Comme beaucoup en pareil cas, il est conscient de son problème, mais n'en est pas libéré pour autant.

père ». Par contre, Pattenoire est le moins heureux « car son père est jaloux de lui, et sa mère, qui l'aime, n'a cependant pas de tendresse pour lui ». Et il est aussi le moins gentil « parce que comme il n'est pas heureux, il est méchant ». Il sera cependant, avec 15 identifications, le préféré de *Gaston* « parce que je lui ressemble ».

En résumé, à la faveur de conditions d'enfance sur le détail desquelles nous ne sommes pas renseignés, où se sont cumulées la rivalité fraternelle et la rivalité œdipienne, cet homme s'est trouvé paralysé par un complexe d'Œdipe avec forte culpabilité. Sa mère nous est décrite comme une personne rigide et obsessionnelle, et comme « portant les culottes »; c'est elle, on l'a vu dans le protocole, qui apparaît comme l'agent castrateur; et le sujet se sent incapable, de par sa fixation à sa mère, de s'élever à la force et à l'indépendance de l'homme. D'où aussi cette confusion remarquable qu'il fait entre oralité et sexualité, confusion dont on ne saurait dire qu'elle soit rare, car elle s'observe même chez des sujets en bon équilibre psychique, mais elle est alors objet de censure, tandis que, chez notre malade, elle s'explicite très ouvertement en un thème naïf.

Obs. 42 — *Jean, jeune homme de 22 ans*, est hospitalisé pour une crise dépressive, avec tentative avortée de suicide. Il le justifie en ces termes : « Je voulais mourir parce que je suis en psychothérapie depuis deux ans et qu'il n'y a pas d'amélioration ... ce qu'il y a, c'est que *je ne peux pas vivre sans être aimé*. »

Il a de tout temps été très solitaire, et à l'âge de 12 ans, l'instituteur avait fait remarquer à sa famille qu'il ne se faisait pas de camarades et était toujours très renfermé. A la même époque, il avait une *névrose de scrupule* et se confessait plusieurs fois par jour. Quelque temps avant sa première dépression, on avait été frappé de sa conduite bizarre : bien que fiancé à une jeune fille, il fréquentait assidûment une voisine, mère de plusieurs enfants, et on l'a vu l'embrasser et se traîner à ses genoux.

Son *test P.N.* souligne dès le début l'exclusion de Pattenoire et son infortune. En voici les thèmes :

Bataille, il était une fois une petite famille de cochons; il y avait le père, la mère et trois petits enfants ... dans le cercle des enfants, il y en avait un qui était un peu à l'écart, c'était Pattenoire; souvent il lui arrivait des histoires avec ses frères et sœurs parce que les parents n'accordaient pas la même attention aux uns et aux autres; et *Rêve P,* celui-là souvent il rêvait de sa mère (sic), qu'il aurait bien voulu avoir pour lui tout seul. Mais *Tétée 2,* il était gêné à cause de ses deux petits frères et sœurs parce qu'il avait peur que les autres soient jaloux de lui, et lui était jaloux d'eux, et le fait de les sentir jaloux de lui, il se sentait exclu de la société, de leur société à cause de ça. *Auge*, quelquefois il avait mauvais caractère, le petit cochon; pendant que ses parents étaient tranquilles, il se mettait à souiller l'auge où ils prenaient tous leur nourriture, mais il se tenait toujours à l'écart des frères et sœurs. Puis *Départ,* un beau jour, il est parti dans la nature tout seul; il était malheureux, très malheureux. Et puis *Jars,* quand il était tout seul, il a rencontré des animaux méchants qui l'ont fait souffrir. Un jour même, *Trou,* il a passé une nuit tout seul dans la nature; il était dans la saleté et il était toujours très malheureux. Et *Rêve M*, il rêvait à sa mère.

Aux P.I., le thème est dominant : celui du héros en situation d'exclusion à cause de son mauvais caractère. Il se plaint beaucoup d'être rejeté par ses parents et par sa fratrie; mais il reconnaît sa culpabilité dans l'affaire, en quoi il se montre dépressif et scrupuleux. A *Jars*, non aimée, le thème est qu'il a dû déranger l'oie, qui se venge : « Pattenoire va finir pas s'échapper, mais enfin, il va toujours sentir qu'il est rejeté de la société. » *Jean* s'identifie ici à Pattenoire de manière projective en disant : « Parce que je ne me sens pas facilement admis dans la société, et qu'à cause de mon mauvais caractère on me déteste ... oui, c'est ça, les gens se conduisent avec moi comme l'oie; ils sont méchants avec moi pour se venger. »

Deux points doivent être soulignés. Le premier est une *complaisance masochiste* dans la souffrance. Elle est exprimée d'abord aux P.I. de *Trou*, où le jeune homme dit qu'il aime cette image « à cause de la solitude et de la souffrance ». Et à la fin, à propos de sa *tache noire*, il dit que : « Pattenoire se sent complexé, différent des autres, et en même temps satisfait de se faire remarquer; il est partagé comme quand il souffrait tout seul sur la route dans la nuit; il était malheureux d'être tout seul, mais *il était heureux aussi d'être tout seul avec sa souffrance.* »

Le second point est relatif à ce que *Jean* appelle « *les exigences morales de la mère* », auxquelles il fait allusion plusieurs fois. Ainsi, à la fin, elle est déclarée la plus gentille « mais elle a des exigences morales et il se demande toujours s'il y satisfait comme il le devrait ». Pareillement, interrogé si Pattenoire désire devenir un père, il répond : « Ben ! peut-être au fond de lui-même, il ne se rend pas compte qu'il aspire à ça; avec les exigences morales de sa mère, il ne sait plus trop de quoi il va répondre. » Et son premier souhait à la *Fée* sera « de demander à l'ange ce que Dieu attend de lui, s'il attend la même chose que sa mère, pour que ça lui résolve ses problèmes; comme ça, il serait peut-être moins partagé; il saurait s'il doit laisser de côté certaines exigences de sa mère ou au contraire s'il doit y répondre ». Et cela, si l'on en croit les deux autres souhaits, apparaît comme la condition pour être aimé et être heureux. Nous touchons ici du doigt l'origine de sa névrose de scrupule, très certainement liée au problème

sexuel; le thème de *Baiser* est à ce point de vue très significatif : « Pattenoire se demande ce que ses parents font ...
en principe ce n'est pas bien, les choses du corps ... il
ne comprend pas que ses parents s'en occupent ... il a
envie d'être à la place de son père, mais ce n'est pas bien. »
« Les choses du corps ? »; nous savons que l'*idéalisation
de la sexualité* (différente de la sublimation) est une
défense fréquente par laquelle le sujet cherche à nier
l'existence de rapports sexuels entre ses parents, et par
contrecoup l'existence de ses propres désirs œdipiens. On
peut se demander s'il n'y a pas chez ce patient un Surmoi
très sévère, d'origine maternelle, qui aurait des exigences
plus grandes que les commandements religieux auxquels le
jeune homme obéit, et qui, notamment, culpabiliserait
toutes les manifestations de la sexualité. Partagé entre les
deux, le jeune homme serait constamment tourmenté de
scrupules, et ses accès dépressifs pourraient avoir cette
même origine. Dans ces conditions, devenir un homme,
s'affirmer virilement, pourrait être contraire à l'interdit,
comme impliquant inconsciemment l'inceste avec la mère,
et exposant alors le sujet à être rejeté de l'amour de sa
mère et à être malheureux.

On sait la fréquence en pareil cas de la défense du Moi
par régression orale, qui substitue à la mère, épouse du
père, objet d'interdit, la mère nourrice des premières années
qui, elle, n'est pas interdite.

D'où la prévalence de l'attachement à cette mère nourricière; les deux images *Rêve M* et *Tétée 1*, où Pattenoire
est heureux d'être seul avec sa mère, sont les deux plus
aimées; et, par ailleurs, le sujet s'identifie à un des nouveau-
nés de *Portée*. Il convient de se rappeler à ce propos ce
détail clinique de l'attachement érotique du jeune homme
à une mère de famille, attachement dans lequel paraissent
se mêler oralité et sexualité.

En bref, ce cas indique donc un fort retrait narcissique (15 identifications à Pattenoire), mais de type dépressif, avec cette note de complaisance romantique dans la souffrance qui est souvent de règle alors.

Obs. 43 — *Angéla, jeune fille de 15 ans,* aînée de 4 filles, a fait récemment une crise schizophrénique, que le traitement a beaucoup améliorée. On ne sait pas grand-chose de sa petite enfance, mais on pense qu'elle n'est pas du même père que ses sœurs, et il apparaît d'autre part qu'elle a été très perturbée par les avances sexuelles que lui aurait faites son parâtre, lequel semble être un déséquilibré.

Elle donne Pattenoire comme une fille, aînée de trois, mais dans le cours du test, elle régresse et dit qu'il est le plus petit.

Le thème dominant est le désir *que toute la famille soit réunie*; notamment, à la fin de son histoire, elle dit : « Ils vont être tous ensemble; ils avaient été séparés par le père et la mère. » Ce thème sera très fortement exprimé aux P.I., au prix même d'une déformation des images : c'est ainsi qu'à *Trou,* non aimée, la jeune fille dit que pour l'aimer, cette image, il faudrait qu'ils soient tous en famille. Et corollairement s'exprime une grande crainte de solitude : *Départ* et *Trou* sont placées dans les non aimées, et elle refuse de les assumer. A *Départ,* elle dit : « Je ne voudrais pas être à sa place »; quant à *Trou,* où « il est perdu », ce sera l'image la moins aimée (elle dira d'ailleurs à la fin que le personnage le moins heureux est la petite fille qui s'est perdue).

Cela va avec une très forte régression orale : on a vu qu'au début, *Angéla* voit Pattenoire dans le plus petit et qu'elle dit à *Tétée 1* « qu'il est toujours avec sa mère ». A *Jeux sales*, « ils se disputent pour avoir du lait ». A la fin, il sera dit le plus gentil « parce qu'il est le plus petit et ne se dispute pas » ; et le plus heureux « parce qu'il fait des rêves et qu'il a du lait tant qu'il veut ».

Il y aura 11 identifications à Pattenoire, mais aussi 5 identifications à Personne, dans les non aimées, aux images exprimant solitude, agressivité et punition, ce qui nous indique qu'en dépit du retrait narcissique, il persiste chez cette jeune fille une forte anxiété en relation avec lesdites tendances. Reconnaissons qu'un tel mélange n'est pas rare ; il exprime la complexité du cas clinique, la difficulté des relations affectives et la forte frustration qui en résulte, conduisant le sujet au retrait narcissique, mais sans toutefois que cette défense du Moi puisse parvenir à éteindre la nostalgie d'affection familiale et l'anxiété de l'abandon [5].

On a pu voir, dans ces protocoles de psychotiques, que le sentiment de la réalité n'est pas aboli, contrairement à ce qu'on aurait pu penser : les sujets, placés devant les planches du test, sont capables de perceptions et de réflexions justes, et s'ils dérivent assez souvent vers des préoccupations strictement personnelles qui n'ont guère de rapport avec la situation réelle, ce n'est que secondairement. On est donc en droit de se demander en quoi de tels protocoles diffèrent de ceux que nous avons recueillis chez les névrotiques ; eh bien, la principale différence réside sans nul doute dans l'insuffisance des défenses chez les psychotiques, se manifestant notamment dans l'intensité de l'identification projective, ce qui indique, comme on l'a vu, une forte tendance à la confusion du Moi et du Non-Moi. Si les différences ne sont pas plus accusées, c'est que nous

[5] On a vu au chapitre I du livre II (obs. 1) que, dans un dessin de famille, elle fait aussi un retrait narcissique.

avons affaire, dans les cas cités, à des psychotiques en rémission, c'est-à-dire qui ne sont pas dans la phase aiguë de la psychose, et dont le Moi a, par conséquent, repris un meilleur contact avec la réalité. S'il était possible de soumettre au *test P.N.* des psychotiques en période délirante (comme on arrive à le faire par exemple avec le *Rorschach*), il ne paraît pas douteux qu'on obtiendrait des protocoles beaucoup plus perturbés.

CHAPITRE III

CORRESPONDANCES

On sait que, les tests projectifs ne permettant d'établir les grandes lignes de la personnalité d'un sujet qu'avec une certaine probabilité, pour s'approcher de la certitude, il faut en général faire appel aux convergences d'indices, en soumettant le sujet à plusieurs épreuves différentes. Nous en avons donné plusieurs exemples dans les observations qui illustrent les précédents chapitres.

La question se pose ici de savoir si les indications fournies, dans un cas donné, par le *Dessin de famille* et le *Test P.N.*, sont convergentes, et en particulier si ces deux tests sont au même degré révélateurs du retrait narcissique. Nous pouvons répondre que cette convergence s'observe dans environ le tiers des observations, c'est-à-dire que le retrait narcissique révélé par le Dessin de famille se retrouve alors dans le test P.N. ou vice versa.

Reste un nombre non négligeable de cas où cette convergence fait défaut. Nous allons ci-après expliquer pourquoi :

1. Une première remarque doit être faite concernant l'époque où sont pratiqués les tests. Nous avons vu au chapitre consacré au *Dessin de famille* que, dans beaucoup de cas, le retrait narcissique peut se manifester à tel moment de l'existence du sujet et pas à un autre.

C'est ainsi que, dans l'observation de la jeune *Arlette* (obs. 18), nous avons vu, de 13 à 16 ans, se constituer dans le dessin de famille un retrait narcissique de plus en plus accusé, qui correspondait cliniquement à un détachement croissant de cette jeune fille dans ses rapports avec ses parents.

La fillette de l'obs. 19, *Martine*, dans son premier dessin, fait à l'âge de 6 ans, se montre étroitement unie à son père, ce qui correspond cliniquement chez elle à une tendance érotique très accusée. Mais quelques mois plus tard, un autre dessin nous révèle l'établissement de défenses serrées, avec isolement et retrait narcissique de type dépressif, correspondant cliniquement à une névrose avec tabou des contacts (cf fig. 26 et 27).

En ce qui concerne le *Test P.N.*, nous avons pu voir, dans les obs. 23 et 24, qu'en répétant le test à quelques années d'intervalle, nous avons assisté à l'établissement, par réaction de défense, d'un retrait narcissique, objectivé par un beaucoup plus grand nombre d'identifications au héros dans le second protocole que dans le premier.

En sens inverse, il advient que le retrait narcissique figurant dans un premier test fasse place, après un intervalle de temps variable, à des relations affectives meilleures avec les personnages parentaux. Par exemple, chez une autre *Martine*, fillette de 13 ans (obs. 16), un premier dessin de famille révèle un retrait narcissique avec régression à l'âge d'or de 5 ans; mais, dix mois après, en pleine évolution pubertaire, la fillette se transforme et, dans son second dessin, investit préférentiellement le personnage maternel.

Ainsi encore le cas de *Guy*, âgé de 10 ans (obs. 43), qui présente des crises de colère très violentes, de l'encoprésie intermittente par agressivité contre une mère frustrante, et un retard scolaire de deux ans, avec complet désintérêt pour l'école. Son premier dessin de famille ne fait pas figurer les parents, mais seulement ses deux grands frères, âgés de 16 et 15 ans, et lui (il supprime donc aussi son petit frère, de 5 ans plus jeune que lui). Il y a donc dans ce dessin deux identifications : l'une de réalité, Moi, figurée en dernier; l'autre de désir, le grand frère de 16 ans, bien qu'il soit déclaré le moins gentil, parce qu'il frappe.

Amélioré par la psychothérapie, *Guy* a fait un an après un autre dessin, où il figure de nouveau des garçons sans parents. Mais six mois plus tard, il intègre pour la première fois les parents dans son dessin, investissant en premier la mère, sans toutefois abandonner son identification à un aîné.

Dans les dessins qui suivent, jusqu'à l'âge de 16 ans, *Guy* oscillera entre l'identification à un petit garçon de l'âge de son jeune frère, donné comme le plus heureux parce qu'en sécurité dans sa famille, et l'identification à un grand de 16 ou de 15 ans, représentant en vrai le frère aîné. Il est à souligner qu'invité à figurer les chambres de la maison et à dire dans quelle chambre il serait, il a désigné celle du grand frère de 16 ans. Ajoutons que dans tous ces dessins, les parents figurent en bonne place.

En considération de ces faits, il faudra bien entendu toujours noter avec soin la date de passation du test, car une contradiction apparente entre les résultats du dessin de famille et du test P.N. peut tenir simplement à ce que ces deux épreuves n'ont pas été passées à la même époque. C'est ainsi que la fillette de l'obs. 17, *Catherine*, a fait à l'âge de 12 ans un test P.N. dont tous les thèmes sont centrés sur le héros, mais avec une tonalité dépressive : il est en effet en situation d'abandon; ni ses frères, ni ses parents ne l'aiment; il est toujours puni; comme il sera toujours malheureux avec les siens, il cherche à s'en aller et à trouver ailleurs une famille plus généreuse. La sympathie de *Catherine* pour ce héros, en qui elle voit une personnification de son propre sort, la fait s'identifier 7 fois à lui, ce qui, pour un test dépressif, est déjà beaucoup. Si l'on voit ici s'exprimer le désir de fuir l'atmosphère parentale, cela va toutefois avec la quête d'une famille substitutive. Nous n'avons donc pas dans ce test le retrait narcissique très prononcé qui s'exprimera comme on l'a vu, dans le dernier dessin de famille de cette fillette; mais c'est que celui-ci a été fait 3 ans après, alors qu'à l'époque du test P.N., les dessins de famille de *Catherine* nous la représentaient petite fille étroitement unie à sa mère.

2.   Il convient de noter aussi que la définition du retrait narcissique et les signes par lesquels il s'objective ne sont pas exactement les mêmes dans le dessin de famille et dans le test P.N.

Dans le dessin de famille, ce retrait s'objective selon nous dans la figuration en premier d'un enfant, qui représente l'identification de désir du sujet testé. Nous avons dû toutefois à ce propos distinguer les cas où ce personnage très investi a l'âge et le sexe du sujet (et est souvent d'ailleurs appelé Moi), et ceux où c'est un enfant d'âge ou de sexe différent.

Dans le test P.N., le retrait narcissique s'objective par un centrage des thèmes sur Pattenoire et un grand nombre d'identifications déclarées à celui-ci.

Il peut donc ne pas y avoir coïncidence. Par exemple :

Fig. 46

Obs. 44 — *Brigitte*, âgée de 10 ans, est une enfant hypersensible, supportant mal les frustrations, facilement paniquée, sujette à de fréquentes terreurs nocturnes, mais d'un autre côté intelligente et studieuse et réussissant bien à l'école. Dans son dessin (fig. 46), elle a représenté sa famille réelle, mais il est intéressant de considérer l'ordre des personnages. Le premier figuré est son puîné, à son âge réel; *Brigitte* vient en second; on doit noter à ce propos que, lorsque *Brigitte* est née, sa mère aurait vivement désiré avoir à sa place un garçon, et ne s'est pas fait faute de le dire. La sœur aînée, 15 ans, est bien mise en valeur, à une place privilégiée entre le père et la mère, mais *Brigitte* en est très jalouse. Enfin, la petite sœur, qui a en réalité, non pas 3 ans, mais 5 ans, et à laquelle on nous dit que *Brigitte* est très attachée, est ici dévalorisée, figurée en dernier et nettement isolée des parents.

Or, dans son test P.N., *Brigitte* ne fait figurer que des garçons : Pattenoire, qui a comme elle 10 ans, et un petit frère de 5 ans. Ses thèmes sont très centrés sur Pattenoire, mais celui-ci se montre insupportable, désobéissant, agressif, jaloux de son frère, voulant à tout prix son indépendance, alors que le petit frère se révèle être un modèle de gentillesse. *Brigitte* censure les actions méchantes de Pattenoire, et elle ne s'identifiera à celui-ci que 3 fois; elle sera par contre 6 fois le petit frère sage. On ne peut donc appliquer ici d'une manière statistique la règle de l'identification massive à Pattenoire, mais il faut une interprétation dynamique qui nous révèle que le retrait narcissique de *Brigitte* s'allie à une régression, d'où l'identification à un garçon plus jeune, aussi bien dans le dessin de famille que dans le P.N.

Obs. 45 — De même, le cas de *Loïc, 10 ans*, qui présente cliniquement un retrait narcissique marqué : c'est un enfant sage, trop sage, qui ne joue pas avec les autres, qui aime rester seul, allongé sur son lit, avec un livre. Il est très hypocondriaque, se plaint de douleurs un peu partout, vomit souvent, est asthénique. De plus, il a des manies de propreté. Dans son dessin de famille (fig. 47), il investit en premier et avec beaucoup de soin un garçon de l'âge de son petit frère (*Loïc* est l'aîné de quatre), et il déclare s'y identifier, parce qu'il a des jouets. Il s'agit donc ici de narcissisme avec régression. Or, dans son P.N., fait à la

Fig. 47

même époque, les thèmes, qui sont centrés sur le héros, sont très dépressifs : Pattenoire est donné comme un garçon de 4 ans, avec frère et sœur de 5 et 2 ans. Mais, comme Pattenoire n'est pas heureux (les images non aimées débutent par cinq « dérouillées »), *Loïc* ne s'y identifiera que 4 fois. Par contre, il sera 7 fois le blanc. Si on totalise, cela fait *11 identifications à un sujet d'âge régressif,* ce qui coïncide avec l'identification au petit frère dans le dessin de famille.

3. Enfin, il nous faut souligner que *les deux tests n'explorent pas le même domaine de l'inconscient*, et qu'il peut de ce fait y avoir un décalage entre les deux aspects de la personnalité qu'ils nous révèlent.

Très généralement, on peut dire que le dessin de famille se situe à un niveau plus conscient que le test P.N. On sait que les thèmes projectifs sont dans la grande majorité des cas l'expression d'un conflit, conflit entre les tendances instinctives et la défense du Moi; on a vu par exemple que lorsque des tendances sont censurées et refoulées, souvent il s'y substitue dans la personnalité consciente des tendances qui leur sont en tous points opposées, qu'on appelle de ce fait les formations réactionnelles du Moi.

Nous en avons un exemple particulièrement saisissant dans le cas de *Martine*, la fillette de l'obs. 19 : lorsque cette fillette passe dans le dessin de famille de la figuration de son intimité tendre avec son père à une figuration contraire, qui représente une isolation interdisant tout contact, nous savons que la défense du Moi est entre temps intervenue, et nous ne sommes pas étonnés d'apprendre que la fillette est atteinte de *névrose obsessionnelle*, avec tabou du toucher et ablutions incessantes des mains.

Il nous faut donc considérer que, lorsqu'on invite un sujet à dessiner une famille, s'il projette dans la famille imaginée par lui ses désirs et ses craintes, ce n'est pas toutefois sans un certain sentiment conscient de ce qu'il projette, sentiment qui le retient d'exprimer ses tendances profondes d'une manière trop crue.

Par contre, dans le test P.N., à la faveur du travesti que réalise la figuration animale, le sujet, en dépit de son identification à Pattenoire, n'a pas au même degré que dans le dessin de famille l'impression que c'est de lui qu'il s'agit. En outre, les situations représentées dans le test sont pour la plupart des situations régressives, invitant le sujet à revivre les étapes lointaines de son enfance, ce qui réduit d'autant le contrôle actuel du Moi.

On est donc en droit de penser qu'on obtiendra par le test P.N. une représentation plus authentique, plus profonde de la personnalité du sujet testé que par le dessin de famille.

Ainsi, dans le cas de *Danielle*, cette jeune fille de l'obs. 10, atteinte de névrose d'angoisse, nous avons fait remarquer que le dessin de famille, dénonçant un fort retrait narcissique, n'exprime par ailleurs aucune angoisse, et nous avons souligné que s'il en est ainsi, c'est que le mécanisme de défense par isolement est intervenu pour placer les parents à grande distance du sujet et supprimer par là le contact interdit, générateur dans la vie d'une forte angoisse de culpabilité.

Par contre, dans le P.N., l'angoisse de la culpabilité œdipienne se manifeste très nettement par le refus de la jeune fille d'assumer le rôle du garçon « au mauvais regard », refus venant, mais tardivement, compenser l'expression très crue des tendances instinctives que les thèmes nous révèlent.

LIVRE III

NARCISSISME ET CREATION

INTRODUCTION

On a souvent fait remarquer qu'*il y a chez beaucoup de créateurs une forte tendance narcissique.*

Mais il faut s'entendre : si l'on veut signifier par là cet amour de soi triomphant qui, comme nous l'avons montré, préside à tout le développement, à toutes les réalisations, et qui exprime directement la puissance de la vitalité, il s'agirait alors de ce « narcissisme primaire », que nous avons refusé comme faisant double emploi avec la notion biologique d'expansion vitale. Cela reviendrait en effet à dire que les grands hommes manifestent par leur œuvre une grande vitalité, ce qui est l'évidence même et n'apporte rien de nouveau à notre compréhension de leur génie créateur.

Non ! Il s'agit bien ici de ce que nous avons appelé le retrait narcissique, de ce reflux vers le sujet de toute la libido retirée aux objets, et nous avons alors à nous demander comment il se peut que ce retrait, qui nous est apparu comme une déficience, soit compatible avec des aptitudes créatrices, davantage même, qu'il puisse contribuer à celles-ci. Voici ce que nous pouvons répondre.

En premier lieu, il nous faut souligner que *la régression* au monde magique de la toute-puissance, ce monde inconscient où s'épanouit la pensée par fantasmes, abolissant les limites du Moi, fait revivre le contact cosmique de la prime enfance, où Moi et Non-Moi étaient confondus. De ce fait, tandis que chez l'homme bien adapté à la vie courante, la pensée consciente, rationnelle, soumise aux lois desséchantes de la logique abstraite, en un mot la *pensée secondaire*, domine exclusivement, refoulant les forces vives de l'inconscient; par contre, l'artiste, de par son détachement de la réalité quotidienne, est mis en contact immédiat avec sa vie fantasmatique inconsciente, laquelle, court-circuitant son Moi conscient, peut parvenir à s'exprimer directement dans l'œuvre, et, chez celui-ci, prévaut dès lors la *pensée primaire*, concrète, riche en images et en intuitions.

Lou Andréas-Salomé, une des premières disciples de *Freud*, l'exprime de façon remarquable dans le texte ci-après :

« *Lorsqu'il crée, l'artiste est voué à son œuvre avec un réalisme fantastique, complètement ignorant des relations déterminantes et profondément personnelles de son œuvre avec sa nature la plus intime et la plus infantile. Ce n'est que réveillé de cet état d'inconscience (à moins qu'il ne s'y fût pas entièrement livré) qu'il est rejeté dans la satisfaction de soi, dans le surplus de sa libido dirigé sur sa personne.*

Naturellement, les deux ne sont qu'un état du Moi de cette personne, mais en quelque sorte seulement pour le spectateur. Pour eux-mêmes, ce n'est que dans le second cas que le Moi est concerné par la libido; au contraire, dans le premier cas, on pourrait presque aussi bien décrire le Moi se désagrégeant totalement, sortant de son état de sujet, du face à face du Moi et du Monde — qu'inverse-

ment, rapportant à soi seul tout ce qui est digne d'être aimé. »

En second lieu, il faut considérer que la rupture des relations affectives avec l'entourage, et le retrait corrélatif de la libido dans le Moi, conduisent le narcissique à s'établir dans la solitude et à concentrer toute sa force vitale en lui-même. Comme le dit *Freud*, « *si dans beaucoup de cas le narcissisme est inhibant, chez l'artiste, il est enrichissant* ». Un des traits les plus frappants, chez les créateurs de ce type, est précisément que leur œuvre ne procède que d'eux-mêmes; ils ne se réclament d'aucun maître; leur production artistique a de ce fait un caractère d'originalité particulière, et leur contestation de l'ordre établi ne contribue pas peu d'ailleurs à les mettre en opposition avec leur entourage, et à accentuer par là leur isolement, ainsi que leur fréquente impression d'être entourés d'hostilité.

En troisième lieu, la plongée de l'artiste dans son inconscient, dont nous venons de dire l'importance, a pour effet, de par la dépression qui accompagne inévitablement la rupture des relations affectives, d'imprégner la personnalité de *mélancolie*. Et nous avons dit que le retrait narcissique peut être considéré le plus souvent comme une formation réactionnelle contre la dépression, ce qui se traduit par un état d'euphorie et d'exubérance vitale confinant à l'*hypomanie*.

Nous touchons là à un point essentiel de la personnalité des créateurs : il nous apparaît en effet que les oscillations maniaco-dépressives, quand elles ne déterminent pas un blocage inhibiteur, peuvent être à l'origine d'un dynamisme conflictuel qui contribue beaucoup à donner à l'œuvre son impulsion et sa richesse.

En quatrième lieu, il faut considérer que toute force accumulée dans l'inconscient par refoulement, en vertu de son dynamisme propre, cherche par tous les moyens à s'exprimer. Si les conditions qui ont déterminé le retrait narcissique, par leur intensité ou leur persistance, empêchent le sujet de se réaliser sur le plan affectif, on doit s'attendre à ce qu'il s'exprime sur un autre plan. Or, la plupart des grands hommes appartiennent au *Type morphopsychologique d'expansion cérébrale*, c'est-à-dire à un type d'organisation chez lequel les forces d'expansion vitale se portent avec prédilection vers la sphère de la pensée. Au chapitre 2 du Livre I, nous avons exposé très succinctement les bases de notre conception morphopsychologique, en montrant que celle-ci repose sur l'opposition de deux types extrêmes : le *Dilaté* et le *Rétracté*. Il convient de compléter ici cette opposition en faisant remarquer que la rétraction, qui fait prévaloir les forces de conservation et détermine par conséquent le retrait en soi, ne porte pas en général sur la totalité de l'organisme; il est très fréquent qu'elle n'affecte qu'un domaine limité, et qu'alors la force vitale se porte vers les autres domaines; c'est ce que nous avons appelé l'*expansion élective*. Nous avons montré qu'on peut diagnostiquer les *types d'expansion élective* par l'examen du visage, car celui-ci se divise naturellement en trois zones superposées : la zone mandibulaire, siège de la vie instinctive-active; la zone du nez et des pommettes, siège de la vie affective; la zone du front et des yeux, siège de la vie spirituelle. L'expansion élective se marque par un plus grand développement (en largeur et en hauteur) de l'une de ces trois zones, et l'on peut en déduire que c'est dans cette zone privilégiée que s'épanouissent le plus librement les aptitudes du sujet, que c'est la zone de ses goûts et de ses réalisations.

En particulier, chez les *Types d'expansion cérébrale*, le grand développement du front contraste avec la rétraction des autres étages. Psychologiquement, il y aura donc rétraction dans le domaine affectif et dans le domaine instinctif, soit, pour s'exprimer en langage psychanalytique, une inhibition relative avec refoulement; par contre, il y aura expansion dans le domaine de la pensée. Avec cette conséquence qu'en cas de retrait narcissique, il se produit une réduction plus ou moins complète de la vie affective et de la vie instinctive, et que toute la force vitale inemployée dans ces deux domaines alimente les fantasmes dont la pensée créatrice va se nourrir. L'on sait en effet que, chez beaucoup de créateurs, les déceptions sentimentales peuvent, par déplacement, alimenter l'œuvre artistique.

Faisons remarquer à ce propos que les hommes qui se sont signalés par la grandeur de leurs réalisations sociales, par la générosité de leur amour d'autrui, et qui ont dépensé leurs forces sans compter pour un idéal de fraternité et de progrès humain, n'ont par contre jamais réalisé une grande œuvre intellectuelle; c'est que, chez eux, l'expansion affective prévalait sur l'expansion cérébrale. Il nous faut toutefois préciser ici que, lorsque nous parlons d'expansion cérébrale, nous voulons dire « aspiration de la force vitale vers les activités de pensée », mais que nous ne portons aucun jugement sur la valeur de l'intelligence. Et réciproquement, il ne faudrait pas croire que les types d'expansion affective ont une valeur intellectuelle moindre que les autres; simplement, nous voulons dire par là que leur intelligence est entièrement au service de leurs réalisations affectives.

En résumé, il apparaît donc que les grands hommes sont prédestinés à réaliser leur œuvre de par leur structure native, et il en résulte que le *facteur tempérament* a chez eux un grand rôle dans la production du retrait narcissique.

Mais cela ne veut aucunement dire que les autres facteurs mentionnés par nous n'ont pas pu être déterminants aussi. Nous retrouvons ici notamment les *frustrations* et la *peur des pulsions* [1].

Nous avons choisi, pour illustrer cette étude, les cas de quatre écrivains bien connus, chez lesquels le retrait narcissique imprime fortement sa marque à la personnalité et à l'œuvre. Ce sont le poète Baudelaire, le romancier Balzac, le philosophe religieux Kierkegaard et l'écrivain intimiste Marcel Proust. Mais on remarquera qu'il eût été possible de choisir comme exemples un grand nombre d'autres hommes éminents à des titres divers, le narcissisme apparaissant ici comme un des éléments majeurs de l'esprit créateur.

---

[1] L'on verra, par les exemples que nous donnerons (mais on pourrait en donner beaucoup d'autres), la fréquence avec laquelle les créateurs ont eu à souffrir dans leur enfance de graves frustrations. Un exemple est présent à l'esprit des lecteurs français d'aujourd'hui, celui de l'écrivain *Hervé Bazin* qui, dans son premier livre, en grande partie autobiographique — *Vipère au poing* — a mis en scène une mère gravement défaillante. Et, tout à la fin de ce livre nous est expliqué, en un texte saisissant dans sa concision, comment cette carence maternelle conduit l'enfant au retrait narcissique et marquera sa vie tout entière : « Celui qui n'a pas cru en sa mère, celui-là n'entrera pas dans le royaume de la terre. Toute foi me semble une duperie, toute autorité un fléau, toute tendresse un calcul. Les plus sincères amitiés, les bonnes volontés, les tendresses à venir, je les soupçonnerai, je les découragerai, je les renierai. *L'homme doit vivre seul. Aimer, c'est s'abdiquer. Haïr, c'est s'affirmer.* Je suis, je vis, j'attaque, je détruis. Je pense, donc je contredis. Toute autre vie menace un peu la mienne, ne serait-ce qu'en respirant une part de mon oxygène. Je ne suis solidaire que de moi-même ... *Le bien, c'est moi; le mal, c'est vous* » (c'est nous qui soulignons). Tout est exprimé ici du dessèchement affectif durable que produit l'absence d'amour de la mère, de la méfiance que cela engendre à l'égard d'autrui, à l'égard de l'amour, et du retrait narcissique qui en résulte.

CHAPITRE I

LE CAS BAUDELAIRE

I. LES SIGNES DU RETRAIT NARCISSIQUE

Les signes de retrait narcissique sont nombreux chez le poète *Baudelaire*, tant dans sa conduite que sa pensée, telle qu'il nous la révèle en particulier dans son journal intime « *Mon cœur mis à nu* ». En ce qui concerne sa conduite, signalons simplement son manque d'adaptation pratique, son laisser-aller, sa prodigalité, ses rêveries continuelles. Notons aussi son souci du paraître (souci que nous retrouverons chez *Balzac* et chez *Kierkegaard*), qui le faisait se comporter en dandy.

Dans « *Mon cœur mis à nu* » foisonnent les déclarations soulignant le narcissisme de *Baudelaire*. En premier lieu, il se sent solitaire, il *se veut* solitaire :

« *Sentiment de solitude dès mon enfance. Malgré la famille, sentiment de destinée éternellement solitaire.* »

Et : « *Goût invincible de la prostitution dans le cœur de l'homme, d'où naît son horreur de la solitude; il veut être deux. L'homme de génie veut être un, donc solitaire.* »

En second lieu, il récuse l'amour et l'amitié :

« *Beaucoup d'amis, beaucoup de gants, de peur de la gale* »

« *L'amour, épouvantable jeu où il faut que l'un des joueurs perde le gouvernement de soi-même.* »

Et cette définition, si vigoureuse dans sa trivialité :

« *La brute seule bande bien, et la fouterie est le lyrisme du peuple. Foutre, c'est aspirer à entrer dans un autre, et l'artiste ne sort jamais de lui-même.* »

Ce retrait narcissique ne parvient pas, chez notre poète, à dissimuler complètement la tendance dépressive qui est à son origine. *Baudelaire* était mélancolique et plein d'amertume; mais nous savons par son œuvre qu'il a assumé sa mélancolie et en a tiré les accents les plus émouvants et les plus originaux de ses poèmes. Il va jusqu'à déclarer :

« *Je ne prétends pas que la Joie ne puisse s'associer avec la Beauté, mais je dis que la Joie en est un des ornements les plus vulgaires; tandis que la Mélancolie en est pour ainsi dire l'illustre compagne, à ce point que je ne conçois guère (mon cerveau serait-il un miroir ensorcelé ?) un type de Beauté où il n'y ait du Malheur.* »

« Mon cerveau serait-il un miroir ensorcelé ? » Par cette parenthèse, *Baudelaire* nous révèle qu'il pressent à quel point il projette dans son œuvre tout son passé malheureux, son passé d'enfant et d'adolescent mal aimé. Et, dans la solitude où son retrait narcissique l'enferme, il considère comme vulgaire la joie des autres. Le poème *Recueillement* est à ce point de vue tout à fait significatif :

« *Sois sage, ô ma Douleur, et tiens-toi plus tranquille.
Tu réclamais le Soir; il descend; le voici :
Une atmosphère obscure enveloppe la ville,
Aux uns portant la paix, aux autres le souci.*

Pendant que des mortels la multitude vile,
Sous le fouet du plaisir, ce bourreau sans merci,
Va cueillir des remords dans la fête servile,
Ma douleur, donne-moi la main; viens par ici,
Loin d'eux ... »

D'autre part, comme l'on sait, le retrait narcissique est *régression*, et nous trouvons chez *Baudelaire* des *signes régressifs* importants dans sa conduite à l'égard des femmes. L'intensité de son complexe d'Œdipe (dont nous verrons la raison un peu plus loin) a eu pour conséquence chez notre poète que toute femme symbolisait pour lui la mère interdite et était, de ce fait, elle aussi interdite, ce qui nous explique qu'il fut impuissant sexuel. Cela nous explique aussi son attachement régressif à une image de la femme comme mère et comme protection. Il l'exprime symboliquement dans le poème intitulé « *La Géante* » :

« *Du temps que la Nature en sa verve puissante*
Concevait chaque jour des enfants monstrueux,
J'eusse aimé vivre auprès d'une jeune géante,
Comme aux pieds d'une reine un chat voluptueux.
Et parfois en été, quand les soleils malsains,
Lasse, la font s'étendre à travers la campagne,
Dormir nonchalamment à l'ombre de ses seins.
Comme un hameau paisible au pied d'une montagne. »

Ce qu'on voit dans ce poème, ce n'est point l'amant, mais l'enfant, l'enfant désireux de retrouver, sous la protection d'une mère toute-puissante, le repos de l'âme et du corps [1].

---

[1] On pourrait aussi, dans un approfondissement psychanalytique des symboles, souligner la fréquence avec laquelle Baudelaire parle de la « mer » qui porte les vaisseaux, et qui évoque pour lui, à la faveur de l'analogie phonétique, celle dont il a la nostalgie.

II. CAUSES DU RETRAIT NARCISSIQUE

Nous trouvons chez *Baudelaire*, se cumulant, les trois facteurs du retrait narcissique : *frustrations, peur des pulsions* et *expansion cérébrale* prévalente.

On sait qu'il perdit son père à 6 ans, et qu'après avoir alors vécu une année dans une très tendre intimité avec sa mère veuve, il eut à subir, quand celle-ci se remaria, à la fois son indifférence et les sévérités d'un parâtre qui prétendait éduquer le jeune révolté à la cravache, comme un cheval rétif. Qui plus est, devenu majeur, mais bohème et dépensier, il eut l'humiliation de se voir imposer, à la demande même de sa mère, un conseil judiciaire, ce qui le condamnait à une véritable impuissance sociale.

De plus, nous avons mentionné plus haut qu'il était impuissant sexuel, de par l'intensité même de son complexe d'Œdipe, comme l'a fort bien montré le psychanalyste *Laforgue* dans son opuscule sur « *L'échec de Baudelaire* ». Le mot échec ne vise, bien évidemment, que la non-réussite sexuelle du poète; il ne saurait s'appliquer à son œuvre. Il s'ensuit qu'en pareil cas, la peur des pulsions œdipiennes provoque un retrait de la libido dans le Moi.

En troisième lieu, de par sa structure native, qui comportait une *forte prédominance cérébrale*, marquée par un très grand front, les graves déceptions affectives de son enfance devaient tout naturellement, comme nous l'avons dit déjà, alimenter toute une vie fantasmatique, aux dépens bien entendu de l'adaptation aux réalités de chaque jour.

III. LE GENIE POETIQUE

Rappelant ce que nous avons dit dans notre préambule, nous pouvons souligner ce que le retrait narcissique a, chez *Baudelaire*, apporté de positif à la création poétique.

Le premier point à mentionner est la très grande originalité de notre poète : d'une part, le fait qu'il n'a guère eu de devanciers; d'autre part, le fait qu'il a tout tiré de son propre fonds, des fantasmes émanés de son inconscient.

En particulier, on a peine à comprendre chez notre poète, après ce que nous avons dit plus haut de son refus de l'amour, qu'il ait fait une si grande place dans ses poèmes à la femme et à la sensualité. On pourrait évidemment l'expliquer, selon les vues de la psychanalyse, en remarquant que les pulsions sexuelles refoulées deviennent aisément obsédantes et s'imposent alors d'une manière tyrannique à la pensée de l'écrivain. Mais il faut remarquer aussi que, dans ses poèmes, *Baudelaire* se montre beaucoup plus voluptueux que sensuel, que, notamment, chez lui, les voluptés de l'odorat, de la vue et de l'ouïe sont constamment présentes. Il convient de souligner aussi que, quand il parle de la Femme, il dérive presque aussitôt vers la Nature; ainsi dans les deux textes suivants :

Parfum exotique

« *Quand, les deux yeux fermés, en un soir chaud*
                              [d'automne,
Je respire l'odeur de ton sein chaleureux,
Je vois se dérouler des rivages heureux
Qu'éblouissent les feux d'un soleil monotone;

Guidé par ton odeur vers de charmants climats,
Je vois un port rempli de voiles et de mâts. »

Et ce Poème en prose intitulé « *Un hémisphère dans une chevelure* »

« *Laisse-moi respirer longtemps, longtemps, l'odeur de tes cheveux, y plonger tout mon visage, comme un homme altéré dans l'eau d'une source, et les agiter avec ma main comme un mouchoir odorant, pour secouer des souvenirs dans l'air.*

Si tu pouvais savoir tout ce que je vois ! tout ce que je sens ! tout ce que j'entends dans tes cheveux ! Mon âme voyage sur le parfum comme l'âme des autres hommes sur la musique.

Tes cheveux contiennent tout un rêve, plein de voilures et de mâtures; ils contiennent de grandes mers dont les moussons me portent vers de charmants climats, où l'espace est plus bleu et plus profond, où l'atmosphère est parfumée par les fruits, par les feuilles et par la peau humaine » [2].

C'est qu'en effet, comme on l'a vu, pour *Baudelaire*, l'union charnelle directe est impossible, puisque, en vertu de son complexe d'Œdipe, la réalisation sexuelle aurait été équivalente pour lui à un inceste. A une exception près cependant, qui concerne sa concubine, Jeanne, une mulâtresse de petite vertu; mais cette exception confirme la règle, car *Freud* nous a appris qu'en cas de complexe d'Œdipe, sont interdites à un homme toutes les femmes pouvant être, par leurs qualités propres, mises au même niveau que la mère, tandis que l'interdit tombe lorsqu'il s'agit de femmes de condition inférieure qui, de ce fait, ne peuvent en aucune façon symboliser la mère dans l'esprit du sujet.

En ce qui concerne les fantasmes émanés de son inconscient, on a vu aussi le rôle que joue la mélancolie du poète, projetée dans ses poèmes.

---

[2] Soulignons l'importance particulière chez notre poète de la volupté de l'odorat. On pourrait y voir, avec la psychanalyse, une fixation de la personnalité au stade sadique-anal, fixation qui, on le sait, va toujours avec un sens olfactif particulièrement développé et « érotisé ». Il serait d'ailleurs possible; mais nous ne nous appesantirons pas sur ce point, de rattacher à cette fixation les goûts macabres du poète (par exemple, dans *La Charogne* et quelques pièces du même genre) et aussi son attirance pour la cruauté.

Le second point à souligner, c'est que, comme nous l'avons dit, par la régression, le poète retrouve cette confusion du Moi et du Non-Moi caractéristique du stade premier de la vie. Autrement dit, *il communie avec l'Univers tout entier*. Toutes les barrières sont alors abolies, et en particulier les barrières sensorielles : *Baudelaire* possédait à un très haut degré le don d'éprouver dans tous ses sens, comme s'ils communiquaient entre eux, les impressions qui affectaient l'un d'eux. C'est ce qu'il a appelé « *Les Correspondances* » :

> « *Comme de longs échos qui de loin se confondent*
> *Dans une ténébreuse et profonde unité,*
> *Vaste comme la nuit et comme la clarté,*
> *Les parfums, les couleurs et les sons se répondent.* »

De même, dans un poème consacré à la Femme, et qu'il a intitulé significativement « *Tout entière* » :

> « *Lorsque tout me ravit, j'ignore*
> *Si quelque chose me séduit.*
> *Elle éblouit comme l'Aurore*
> *Et console comme la Nuit;*
> *Et l'harmonie est trop exquise,*
> *Qui gouverne tout son beau corps,*
> *Pour que l'impuissante analyse*
> *En note les nombreux accords.*
> *O métamorphose mystique*
> *De tous mes sens fondus en un !*
> *Son haleine fait la musique*
> *Comme sa voix fait le parfum !* »

Le troisième point est relatif à l'*expansion cérébrale de Baudelaire*. Comme on l'a vu, le refoulement de la vie instinctive et de la vie affective, indiqué dans la rétraction des deux zones correspondantes, et qui est corrélatif du retrait narcissique, pourrait aboutir à un blocage de la personnalité s'il n'y avait, comme chez notre poète, une zone d'expansion élective (ici cérébrale) par laquelle les forces vitales réprimées peuvent trouver une issue, c'est-à-dire accéder à l'expression. On peut donc comprendre par là : d'une part les aptitudes créatrices littéraires de *Baudelaire*; d'autre part, que ses thèmes poétiques les plus familiers lui aient été constamment inspirés par les fantasmes émanés de son inconscient, comme on l'a vu.

CHAPITRE II

LE CAS BALZAC

Il n'est guère besoin de présenter au lecteur l'œuvre de *Balzac*, cette œuvre qui fait de lui un des plus grands romanciers de tous les temps.

Mais nous devons souligner en débutant le contraste saisissant entre cette œuvre littéraire magnifique, orchestrée comme une symphonie, par laquelle le génie balzacien a voulu peindre la *Comédie Humaine* de son temps dans ce qu'elle avait d'éternel — et le désordre de la vie privée du romancier, ses fantaisies, sa prodigalité, son imprévoyance, ses brusques tocades, qui nous obligent à le considérer comme un hypomaniaque, aux confins de l'état pathologique [1].

Nous savons en psychiatrie que *l'exaltation maniaque est une défense contre la dépression*; et le fait est que, chez *Balzac*, l'euphorie, la joie de vivre, l'exubérance triomphante, qui caractérisaient son apparence extérieure, par-

---

[1] Nous nous sommes beaucoup inspiré pour cette étude de la remarquable thèse consacrée par le Dr *André Jeannot* à « *L'hypomanie de Balzac* ».

venaient mal à dissimuler ce qui était, dans les profondeurs de son âme, un sentiment dépressif intense.

Nous le savons par les confidences qu'il a faites à certains de ses contemporains. A l'âge de 22 ans, il écrit à *Madame de Berny*, sa première amie : « *Il est des êtres qui naissent malheureusement; je suis de ce nombre.* » Et une autre fois, à la même : « *Plût au Ciel que je ne fusse jamais né !* » Et encore : « *Je suis vieux de souf- frances, et vous n'auriez jamais présumé mon âge d'après ma figure gaie. Je n'ai même pas eu de revers; j'ai toujours été courbé sous un poids terrible.* »

Dans sa correspondance encore cette phrase : « *On est si malheureux seul, si malheureux en société, si malheureux mort, si malheureux en vie. J'éprouve un vide, un ennui, un dégoût de tout. Je suis sans âme, ni cœur; tout est mort.* » Langage qui pourrait être celui d'un malade atteint de mélancolie grave.

I. SIGNES DU RETRAIT NARCISSIQUE

Balzac fut *un solitaire*. Il ne se faisait pas d'amis. Certes, il avait besoin d'être entouré, d'être écouté, d'être admiré, mais tout était centré sur lui, et il ne prêtait guère l'oreille à ce que les autres avaient à lui dire. On conte qu'un jour, son secrétaire lui apprenant que son père était dangereuse- ment malade, *Balzac* lui répondit : « *Très bien, mon ami, mais revenons maintenant à la réalité et parlons d'Eugénie Grandet.* »

Solitaire, *Balzac* l'était aussi par son œuvre. Il s'était fait tout seul; il n'avait eu aucun maître pour le diriger, pas un seul compagnon pour être à côté de lui dans ses luttes, pas un seul disciple pour le suivre. Il était vraiment un contre tous.

On a beaucoup parlé des amours de *Balzac*. Mais il demandait surtout aux femmes qu'elles aient les dons de compréhension, de sympathie, de dévouement qu'à son sens devaient avoir les compagnes des grands hommes. Il écrivait à sa sœur : « *Mes deux seuls et immenses désirs, être célèbre et être aimé, seront-ils jamais satisfaits ?* » Il ne parle donc pas d'aimer, ni de se dévouer à une femme, mais d'être aimé et qu'on se dé.oue pour lui.

Il plaçait d'ailleurs la réalisation de lui-même au-dessus de la *relation d'amour*. Dans *La Physiologie du Mariage*, il écrivait :

« *Abjurez l'amour ! D'abord plus de tracas, de soins, d'inquiétudes, plus de ces petites passions qui gaspillent les forces humaines ... Le divorce fait avec ce je ne sais quoi nommé amour est la raison première du pouvoir de tous les hommes qui agissent sur les masses humaines. Mais ce n'est rien encore. Ah ! si vous connaissiez alors de quelle force magique un homme est doué, quels sont ses trésors de puissance intellectuelle, et quelle longévité du corps il trouve en lui-même quand, se détachant de toute espèce de passions humaines, il emploie toute son énergie au profit de son âme !* »

Cette ascèse vers la « volonté de puissance », nous savons qu'elle a été pratiquée par beaucoup de grands hommes. Elle culmine toutefois chez *Balzac* dans un sentiment exaltant de sa propre grandeur, et l'on sait que, sur une statuette de *Napoléon* qu'il avait dans son bureau, était écrite cette phrase : « *Ce qu'il a commencé par l'épée, je l'achèverai par la plume.* »

Solitaire, *Balzac* l'était déjà dans son enfance : bien loin de se mêler aux distractions de ses condisciples, il les fuyait. C'est lui-même qui se décrit dans ce roman en grande partie autobiographique qu'est *Louis Lambert* :

« *Silencieux, renfermé, souffrant, incompris de ses maîtres et de ses camarades, indifférent au monde extérieur.* » Dans sa correspondance, il écrit : « *Je suis inexplicable pour tous. Nul n'a le secret de ma vie, et je ne veux le livrer à personne.* » Et ailleurs : « *Qui peut se flatter d'être jamais compris ? Nous mourons tous inconnus.* »

Le surinvestissement narcissique du Moi se traduit chez *Balzac* par de nombreux signes. Son amour des grandeurs en est le plus marquant : nous ne visons pas ici bien entendu la grandeur de son œuvre, dont il pouvait incontestablement être fier, mais *son ambition de grandeur sociale*. C'est lui, le *Raphaël* de *La Peau de Chagrin*, qui déclare : « *Je voulus me venger de la société; je voulus posséder l'âme de toutes les femmes en me soumettant toutes les intelligences, et voir tous les regards fixés sur moi quand mon nom serait prononcé par un valet à la porte du salon.* »

On sait du reste que, alors que son grand-père était un simple paysan, *Balzac* s'attribuait des origines nobles qu'il faisait remonter au Ve siècle, et qu'il se donna, de lui-même, une particule.

Comme *Baudelaire*, il jouait aussi au dandy, et l'on a dit les dépenses extravagantes qu'il faisait pour paraître en société, dépenses de gilets multicolores, de boutons en or, de cannes diamantées, ce qui, par ailleurs, s'harmonisait si mal avec sa négligence, son manque de soins corporels et son goût du débraillé qu'il en était souvent grotesque, et se faisait moquer.

Le retrait narcissique s'allie aussi, chez *Balzac*, à des *signes de régression*. On a souligné combien son avidité pour tout l'apparentait à ce qu'on appelle en psychanalyse *le caractère oral*. La plupart de ses contemporains ont noté qu'il se comportait souvent comme un grand enfant. Le fait est qu'il suivait son seul désir, son seul caprice; il ne

savait pas se contrôler; il était spontané, impulsif, insouciant, et vivait dans le moment présent, avec une imprévoyance morbide qui le faisait dépenser sans compter.
Comme l'enfant, il était impudique et aimait s'exhiber.
Comme l'enfant, il n'acceptait aucune contrainte et refusait
de régler sa vie en accord avec les normes en usage.
Comme l'enfant, il était naïf et s'émerveillait de tout.
Comme l'enfant, il aimait le rêve, le jeu gratuit, les rôles de
théâtre, les imitations de personnages.

II. CAUSES DU RETRAIT NARCISSIQUE

Le moment est venu maintenant de rechercher quelles
ont été, chez *Balzac, les causes de son retrait narcissique.*
Nous les trouvons essentiellement dans *une grave frustration d'amour maternel.*

Il apparaît que, aîné de quatre enfants, il n'a guère été
aimé par sa mère. Les faits semblent bien le prouver. En
1946, revenant d'une visite chez sa mère, il écrit à la
Comtesse Hanska, cette châtelaine polonaise qui était une
grande admiratrice de son œuvre, et qu'il devait plus tard
épouser :

« *Je suis revenu dans le plus profond désespoir. Je n'ai
jamais eu de mère. Aussitôt que j'ai été mis au monde, j'ai
été envoyé en nourrice, et j'y suis resté jusqu'à l'âge de
4 ans. De 4 à 6 ans, j'ai été en demi-pension, et à 6 ans,
j'ai été envoyé comme pensionnaire au Collège de Vendôme, où je suis resté jusqu'à 14 ans, n'ayant vu que deux
fois ma mère. De 4 à 6 ans, je la voyais le Dimanche.
Quand elle m'a pris chez elle, elle m'a rendu la vie si dure
qu'à 18 ans, je quittais la maison paternelle ... J'ai donc
été, moi et ma sœur, l'objet de sa haine.* » Et dans une
autre lettre : « *Ma mère me haïssait avant que je fusse né.* »

On sait que *Balzac* se projetait tout entier dans les personnages de ses romans, et qu'on peut lire dans ceux-ci, à livre ouvert, la peinture de ses propres sentiments et des événements de sa vie. C'est ainsi que *Félix de Vandenesse,* le héros du *Lys dans la Vallée,* c'est *Balzac* lui-même :

« A quel talent nourri de larmes devrons-nous un jour la plus émouvante élégie, la peinture des tourments subis en silence par les âmes dont les racines tendres encore ne rencontrent que de durs cailloux dans le sol domestique, et dont les premières frondaisons sont déchirées par des mains haineuses, dont les fleurs sont atteintes par la gelée au moment où elles s'ouvrent ? Quel poète nous dira les douleurs de l'enfant dont les lèvres sucent un sein amer, et dont les sourires sont réprimés par les feux dévorants d'un œil sévère ? La fiction qui représenterait ces pauvres cœurs opprimés par des êtres placés autour d'eux pour favoriser les développements de leurs sensibilité serait la véritable histoire de ma jeunesse. »

« Le sein amer », « les sourires réprimés par un œil sévère », toutes les frustrations de la première enfance sont ici résumées.

Qu'il y ait de l'exagération dans ces plaintes de *Balzac,* c'est probable, car le grand écrivain a présenté de bonne heure ce que nous avons appelé plus haut « une grande intolérance aux frustrations ». Il n'en reste pas moins que *Madame Balzac* a montré peu de tendresse à ses enfants. Sauf cependant à son fils dernier-né, et c'est en cela que la situation s'est aggravée pour *Balzac* d'une frustration supplémentaire : il est en effet de notoriété publique que *Madame Balzac* eut avec un châtelain des environs une liaison amoureuse d'où naquit son dernier fils, et il est notoire aussi, aux dires des contemporains, que cet enfant de l'amour, elle le comblait des tendresses qu'elle refusait aux trois autres. De cet adultère maternel et de ses con-séquences, *Balzac* nous a entretenus, non point d'une manière directe, mais par le truchement d'un de ses romans : *La Femme de Trente ans,* manifestement auto-biographique lui aussi. Qu'il y ait eu dans cet événement familial un grave traumatisme psychique pour le jeune *Balzac,* alors âgé de 7 ans, cela ne paraît pas douteux si l'on se réfère à l'intensité passionnelle avec laquelle il décrit dans ce roman l'agressivité fratricide d'une fillette, à laquelle, incontestablement, *il s'identifie.* Nous avons rapporté cette description dans notre ouvrage sur *La Psychologie de la Rivalité fraternelle,* en montrant que tout y est contenu : la grave frustration d'amour initiale, la rivalité fraternelle poussée jusqu'à la haine, la provoca-tion qui déclenche l'impulsion agressive; tout, jusqu'à l'identification ultérieure de la fillette coupable à un meur-trier, qu'elle épouse; tout, y compris le châtiment de la fratricide, qui meurt misérablement, non sans stigmatiser au dernier moment sa mère, la grande et principale respon-sable du drame.

Sans évoquer directement la liaison de sa mère, le romancier dépeint bien dans *Le Lys dans la Vallée,* la situation de frustré affectif du héros dans lequel s'in-carne :

 « *Quelle vanité pouvais-je blesser, moi, nouveau-né ? Quelle disgrâce physique ou morale me valait la froideur de ma mère ? Etais-je donc l'enfant du devoir, celui dont la naissance est fortuite ou celui dont la vue est un reproche ? Mis en nourrice à la campagne, oublié par ma famille pendant 3 ans, quand je revins à la maison paternelle, j'y comptais pour si peu de chose que j'y subissais la compassion des gens ... Loin d'adoucir mon sort, mon frère et mes deux sœurs s'amusèrent à me faire souffrir.*

Le pacte, en vertu duquel les enfants cachent leurs pec-
cadilles et qui leur apprend déjà l'honneur, fut nul à mon
égard; bien plus, je me vis souvent puni pour les fautes de
mon frère sans pouvoir réclamer contre cette injustice ...
Déjà déshérité de toute affection, je ne pouvais rien aimer,
et la nature m'avait fait aimant ! »

Soulignons cette dernière phrase, qui est significative :
« *Déshérité de toute affection, je ne pouvais rien aimer, la*
nature m'avait fait aimant ! » Il nous faut en effet, comme
nous l'avons indiqué déjà en parlant de « régression orale »,
classer *Balzac* dans les *Types de dépendance affective*, qui
ne peuvent vivre sans nourriture d'amour. Tout nous y
invite, et au premier chef, la constitution native du romancier, qui appartenait au *Type Dilaté*, avec une double
dominante : d'une part, *une dominante cérébrale*; d'autre
part, une *dominante instinctive*, avec une certaine atonie
des chairs, significative d'oralité passive.

Ce type de caractère, nous l'avons vu, ne supporte pas
la solitude et cherche désespérément *un substitut maternel*
pour compenser le vide affectif de son enfance. C'est bien le
cas de *Balzac*. Toute sa vie, sa sexualité sera dominée par
la quête de l'amour protecteur de femmes nettement plus
âgées que lui, femmes mûres, connaissant la vie et le monde,
capables de prêter une oreille attentive à ses rêves, à ses
enthousiasmes, à ses inquiétudes, capables de l'encourager,
de le rassurer, en un mot de jouer auprès de lui le rôle de
la mère manquante. Ce fut d'abord *Madame de Berny*,
puis la *duchesse d'Abrantès*, puis la *comtesse Hanska*.
« *Madame de Berny*, écrit le Docteur *Jeannot*, *a admira-*
blement compris cette ardente soif d'affection qui dévorait
son jeune amant au cœur exigeant, et, durant quinze
années, elle y a magnifiquement répondu. Son influence a
été souveraine dans l'éclosion et l'élaboration de son
génie. »

Balzac se rendait lui-même compte de ce besoin qu'il avait d'une amante qui fût tout en même temps une mère. Il écrivait par exemple :

« Madame de Berny, *quoique mariée, a été comme un Dieu pour moi. Elle a été une mère, une amie, une famille, un conseil ... J'ai vu clairement que* Madame de Berny *n'était que mon immense filialité trompée, à qui une mère avait souri.* »

III. RETRAIT NARCISSIQUE ET CREATION

Une question se pose ici : est-ce que le retrait narcissique a joué un rôle dans la création littéraire de *Balzac*, et, si l'on répond par l'affirmative, comme nous pensons qu'on doit le faire, comment peut-on comprendre ce rôle ?

Nous devons d'abord souligner que ce retrait narcissique a été chez *Balzac* très précoce, puisqu'il a marqué son enfance. A l'école, *Balzac* était tranquille et silencieux, peu intéressé par l'étude, et on le tenait de ce fait pour peu développé intellectuellement. Plus tard, à vrai dire, au Collège de Vendôme et après, il s'est livré furieusement à la lecture, mais tout en continuant d'être un élève médiocre en ce qui concernait le courant du travail scolaire. De surcroît, il fut si déprimé par le régime de contrainte et de claustration de ce collège qu'on dut le ramener à la maison à l'âge de 14 ans; il était alors dans un état d'hébétude qui fit déclarer à sa sœur, dans la biographie qu'elle écrivit plus tard : « *Il ressemblait à ces somnambules qui dorment les yeux ouverts : il n'entendait pas la plupart des questions qu'on lui adressait, et ne savait que répondre quand on lui demandait brusquement : A quoi pensez-vous ? ou bien : Où êtes-vous ?* »

Il s'est agi là incontestablement d'une crise de ce que les psychiatres appellent *l'autisme*, où les facultés intellectuelles ne sont en aucune manière abolies, mais momentanément absentes, toutes retirées dans les profondeurs de l'âme. La conscience de soi n'est pas abolie non plus, et la preuve, c'est que *Balzac* n'eut qu'à puiser plus tard dans les souvenirs de son enfance pour écrire l'œuvre où il se projette tout entier, dans le personnage de *Louis Lambert*. Comme nous l'avons dit déjà plus haut, *Louis Lambert* nous est présenté comme « *silencieux, renfermé, souffrant, incompris de ses maîtres et de ses camarades, indifférent au monde extérieur* », et aussitôt il est ajouté « *mais l'esprit tout occupé de visions intérieures et de pressentiments métaphysiques, pénétré du sentiment qu'un grand destin lui est réservé* », ce qui nous montre que cet autisme peut être un enrichissement intérieur. De ce même *Louis Lambert,* il nous est dit qu'il avait « *le don d'appeler à lui dans certains moments des pouvoirs extraordinaires* ».

« Un grand destin »; « des pouvoirs extraordinaires »; nous avons ici cet appel au sentiment de toute-puissance qui, comme on l'a vu, est le corollaire constant du retrait narcissique.

On sait d'ailleurs combien cet élan vers la toute-puissance a obsédé *Balzac.* Nous y avons fait déjà allusion un peu plus haut, en montrant que le grand écrivain était prêt à sacrifier l'amour à l'ambition d'être le plus grand. Il est remarquable que, dans son œuvre, est présentée toute une galerie d'hommes qui cherchent à conquérir la puissance, avec une avidité de tout posséder : la gloire, la fortune et les femmes, où nous reconnaissons le tempérament propre de *Balzac.* Ces hommes, il ne les a pas copiés sur des modèles observés autour de lui; il les a créés de toutes pièces. Certes, *Balzac* observait beaucoup de choses dans la nature, dans la société, et il introduisait ces choses dans ses romans; mais ce n'était pas l'essentiel; l'essentiel, il le prenait en lui. Nous faisons nôtre les paroles de *Baudelaire* à ce sujet : « *J'ai toujours été étonné que la grande gloire de Balzac fût de passer pour un observateur. Il m'avait toujours semblé que son principal mérite était d'être vision- naire, et visionnaire passionné.* »

Balzac, nous l'avons dit, était, en dépit des apparences, un solitaire. Mais un homme ne peut vivre seul, surtout un homme d'une aussi grande exubérance vitale que notre romancier. Alors, comme nous l'avons montré au Livre I dans notre étude générale du retrait narcissique, il se forge des *doubles*. Des doubles, tous les héros qu'il a placés dans ses romans. Mais le plus caractéristique de tous ces doubles, nous le trouvons dans *l'alliance de Vautrin et de Lucien de Rubempré*. Pour *Balzac*, le personnage de *Vautrin* synthétise en lui-même toutes les énergies amassées, contenues dans l'âme débordante du romancier; *Vautrin*, c'est le révolté, le surhomme, l'ange fascinant du Mal. Mais il est condamné à l'obscurité; il est au ban de la société. Alors il se donne un double, *Lucien*, jeune, beau, aimé des femmes, dans lequel il projette tous ses désirs inassouvis :

« *Doué d'une force d'âme qui le rongeait, ce personnage ignoble et grand, obscur et célèbre, dévoré surtout d'une fièvre de vie, revivait dans le corps élégant de Lucien, dont l'âme était devenue la sienne.* »

Et ailleurs : « *Je veux aimer ma créature*, dit *Vautrin*, *la façonner, la pétrir à mon usage, afin de l'aimer comme un père aime son enfant.* » Je dirai : « *Ce beau jeune homme, c'est moi; ce marquis de Rubempré, je l'ai créé.* »

Vautrin appelle *Lucien* « *mon beau moi* ». Il dit encore, parlant du même Lucien « *Je me ferai vous* ». Et quand Lucien meurt, il déclare : « *On enterre en ce moment ma vie, ma beauté, ma vertu, ma conscience, toute ma force.* »

Pour en revenir au problème du retrait narcissique et du sentiment de toute-puissance qui en est le corollaire, nous sommes obligé de constater que les fantasmes qui, chez beaucoup de narcissiques, demeurent sur le seul plan de l'imaginaire, deviennent, chez *Balzac*, réalisation et œuvre romancée. Pourquoi ? La seule réponse est qu'il y a chez l'homme de génie une puissance mystérieuse, une force de vie hors du commun qui, comme le courant d'un fleuve puissant, entraîne tout en avant, le bon et le mauvais. Cette force, nous avons vu que, lorsqu'elle est refoulée dans un certain secteur de vie, elle peut se porter tout entière vers les autres secteurs et les féconder. Rappelons-nous à ce propos ce que *Balzac* lui-même dit dans *La Physiologie du Mariage* :

« *Si vous connaissiez de quelle force magique l'homme est doué, quels sont ses trésors de puissance intellectuelle et quelle longévité il trouve en lui-même quand, se détachant de toute espèce de passions humaines, il emploie toute son énergie au profit de son âme !* » *Balzac* exprime dans cette phrase ce transfert de force vitale dans la sphère intellectuelle que nous avons, plus haut, considéré comme la caractéristique des Types d'expansion cérébrale.

Faut-il alors distinguer et séparer, d'une part le génie, d'autre part les incapacités liées au retrait narcissique, et considérer ces dernières plutôt comme un obstacle ? On ne saurait le faire sans risquer de méconnaître la véritable valeur du grand homme, et, sur ce point, nous suivons tout à fait *Baudelaire* quand il écrit : « *C'était bien lui, cet original aussi insupportable dans la vie que délicieux dans ses écrits, ce gros enfant bouffi de génie et de vanité, qui a tant de qualités et tant de travers qu'on hésite à retrancher les uns de peur de perdre les autres.* »

Dans le même sens, faut-il déplorer le déséquilibre du

romancier, sa dépression foncière, son hypomanie réactionnelle ? Le *Dr Jeannot* écrit à ce sujet :

« *Dès le départ sont posées à la fois l'ambition du génie, de la toute-puissance, et la hantise d'un complet écroulement, dualité qui définit clairement la situation du maniaco-dépressif, pour qui il n'est pas de moyen terme entre le plus-être et le moins-être, et dont l'échec vers la réalisation maniaque de la domination totale n'est tant redouté que parce qu'il signifierait le retour à l'angoisse morbide.* »

Nous pensons, quant à nous, qu'un tel déséquilibre, quand il réussit à être compensé, apporte à la personnalité du créateur un dynamisme qui la féconde et la propulse vers les cimes où son génie s'accomplit [2].

---

[2] Ces remarques, qui s'appliquent ici à *Balzac,* sont valables bien entendu pour beaucoup de grands hommes, et nous expliquent pourquoi ils ont payé un tribut particulièrement lourd à la folie. On le savait déjà dans la plus haute Antiquité, et *Sénèque* écrivait : « Nullum magnum ingenium sine mixtura dementiae ».

CHAPITRE III

LE CAS KIERKEGAARD

Nous avons, au Livre premier, présenté le philosophe religieux *Kierkegaard* comme un cas de *retrait narcissique dépressif*, en soulignant que le destin exceptionnel auquel il se voyait promis était un destin malheureux, un destin d'homme condamné.

Nous ne ferons pas ici l'exégèse de son œuvre. Disons en bref qu'il est considéré comme l'initiateur de l'existentialisme moderne, et qu'il a notamment étudié avec une très grande pénétration psychologique le problème de l'angoisse humaine.

I. LES SIGNES DU RETRAIT NARCISSIQUE

De son retrait narcissique, nous avons déjà souligné l'élément essentiel en disant que *Kierkegaard* était tout à fait *solitaire*, qu'il n'avait de relations avec aucun parent ni ami, et qu'il avait rompu avec sa fiancée, ne voulant pas s'engager dans les liens du mariage.

On nous dira sans doute, comme pour *Baudelaire* et pour *Balzac*, qu'un grand homme se doit, pour réaliser son œuvre, de rétrécir à l'extrême le champ de ses relations affectives, afin de concentrer toute sa force dans une direction unique, et c'est vrai. Mais c'est précisément là, nous l'avons vu, un des effets du retrait narcissique, qui exalte au maximum le sentiment de la valeur propre d'un homme. Le biographe du philosophe danois souligne à plusieurs reprises « *le sentiment extraordinairement accusé qu'il avait de lui-même* ». Et *Kierkegaard* s'est lui-même décrit en ces termes : « *Comme un sapin solitaire, égoïstement retiré en soi et dressé vers la hauteur, je me dresse, sans jeter d'ombre, et seul, le ramier fait son nid dans mes branches.* »

Son narcissisme se révèle d'ailleurs par bien des signes qui n'ont pas de rapport direct avec la réalisation de son œuvre. Il est assez curieux de noter que, étudiant en théologie, *Kierkegaard* s'était fait une réputation de dandy par ses costumes et par le soin qu'il mettait à s'entourer des plus belles choses. On rapporte qu'il était élégant, qu'il fréquentait plus les cafés que les cours de théologie, et qu'il avait un goût très prononcé pour les accessoires de la vie esthétique, s'achetant parfums et mouchoirs fins. Il se dépeint lui-même comme un gentleman portant lunettes, fumant cigares et vêtu à la dernière mode. Et cela s'est continué en partie plus tard où, jouissant d'une certaine aisance matérielle, il vivait en célibataire égoïste et exigeant, se faisant servir et n'admettant guère qu'on ne se plie pas à ses désirs.

On trouve encore la marque de ce narcissisme dans ses livres où, à diverses reprises, il parle avec complaisance de sa situation personnelle, et en particulier de son mariage rompu, sous la forme d'un plaidoyer justificatif.

A vrai dire, on peut, comme on le verra plus loin, comprendre les pratiques de dandy de *Kierkegaard* en les considérant comme une revanche contre le sort qui l'avait fait physiquement chétif et difforme.

La cyclothymie. Comme on l'a vu en étudiant la personnalité de *Balzac*, le retrait narcissique va très souvent avec un équilibre oscillant, qui fait alterner les phases de dépression et les phases compensatrices d'excitation. Une différence importante sépare toutefois *Kierkegaard* des écrivains précédents, surtout de *Balzac* : c'est que, chez lui, la dépression est au tout premier plan du tableau clinique. *Kierkegaard* est, comme nous l'avons dit déjà, un cas remarquable de ce qu'on peut appeler le retrait narcissique dépressif, et le destin exceptionnel auquel il se voyait promis était, soulignons-le encore une fois, un destin malheureux, un destin d'homme coupable et condamné.

Disons que le *tempérament natif* joue ici un rôle capital. Alors que *Balzac*, de tempérament *dilaté*, était un *extraverti*, ce qui conditionnait son comportement hypomaniaque, la dépression étant chez lui refoulée — par contre *Kierkegaard*, de tempérament *rétracté*, était un *introverti*, et les phases dépressives, très importantes, l'ont profondément marqué dans sa personne et dans son œuvre.

Racontant ses premières années, *Kierkegaard* les dépeint sous des couleurs sombres, et se plaint notamment de n'avoir jamais connu la joie. Dans son livre « *Coupable ? Non coupable ?* », il dit : « *Hélas, pourquoi neuf mois dans le sein de ma mère ont-ils suffi à faire de moi un vieillard ?* » Et ailleurs : « *Dès ma plus tendre enfance, la flèche de la tristesse s'est implantée dans mon cœur.* »

On sait que la mélancolie s'accompagne toujours d'un

profond sentiment de culpabilité que, pourtant, rien dans la vie du sujet ne justifie. C'était vrai pour *Kierkegaard* qui, durant toute son existence, crut qu'il était condamné à vivre « *dans la pénible prison du repliement en punition de ses péchés* ».

Il convient de dire toutefois qu'il y avait chez *Kierkegaard* un pouvoir remarquable de rebondissement qui l'a empêché de sombrer dans la folie, et qui lui a donné à certains moments une conscience très juste de ce que sa dépression recélait de pathologique; c'est ainsi qu'il écrit (alors âgé de 35 ans, c'est-à-dire 13 ans après son premier accès de mélancolie) :

« *Si ma mélancolie m'a en quelque sorte égaré, ce doit être lorsqu'elle m'a amené à concevoir comme faute et péché ce qui n'était peut-être qu'une funeste souffrance, un doute religieux.* »

Ainsi donc, *Kierkegaard* a fait son premier accès dépressif très jeune, puisqu'il n'avait que 22 ans et était encore étudiant. Il est fort probable que cette dépression a provoqué en lui un revirement, qu'il s'est rendu compte alors qu'il était au fond étranger à la vie facile de dandy qu'il menait.

Mais lui qui disait n'avoir jamais connu la joie dans son enfance, voici qu'elle surgit soudain dans sa vie, comme une explosion, c'est-à-dire que le virage se produit brusquement, comme cela arrive souvent, de la dépression à l'hypomanie. Il note lui-même que cela est survenu le 19 mai à 10 h 30 du matin (c'était trois ans après son premier accès dépressif) :

« *Il y a une joie indescriptible qui nous embrase de façon inexplicable ... ce n'est pas une joie de ceci ou de cela, mais le plein cri de l'âme ... Je me réjouis de ma joie, d'elle, en elle, près d'elle, sur elle, à travers elle et avec elle.* »

C'est donc la joie pure comme, dans la dépression, c'étaient la tristesse et la culpabilité pures, dans les deux cas un absolu affectif qui est d'origine subjective et ne répond en rien à des situations réellement vécues.

II. CAUSES DU RETRAIT NARCISSIQUE

C'est bien entendu dans l'enfance de *Kierkegaard* qu'il convient de rechercher les causes qui ont provoqué son retrait narcissique. De ses relations avec sa mère, nous ne savons à peu près rien; elle était la servante de son père qui l'épousa en secondes noces, étant veuf de sa première femme; *Sören Kierkegaard* ne parle jamais d'elle; est-ce par interdit œdipien ou parce qu'elle n'a joué dans sa vie qu'un rôle effacé, nous ne le savons pas. Par contre, nous sommes très bien renseignés sur ses relations avec son père; le philosophe a vécu toute son enfance dans une très grande intimité avec ce vieillard, qui était à la fois très religieux et très porté à la mélancolie, et qui imprégna de bonne heure son jeune fils de son humeur sombre et de ses convictions.

Plus d'une fois, dans ses écrits autobiographiques, *Kierkegaard* s'est plaint du caractère anormal et forcé de l'éducation à laquelle son père le soumettait. Il déclare : « *Mon père m'a inculqué le sentiment écrasant du caractère inexorable du devoir.* » Et : « *Toute transgression au commandement de mon père devenait à mes yeux une exception digne d'être châtiée.* » Il faut noter encore que, s'il a fait des études de théologie, c'était avant tout sur le désir de son père, qui voulait le voir suivre les traces de son frère aîné, pasteur, qui devint plus tard évêque.

Mais il apparaît que, durant les premières années de sa vie d'étudiant, *Kierkegaard* a voulu se soustraire aux exigences de cette atmosphère d'austérité, et qu'en même temps, il répugnait à se soumettre à une discipline d'études imposées. On assiste alors chez lui à un *surinvestissement narcissique du Moi*, mais d'un Moi qui se veut léger, insouciant, ami du luxe et de la vie facile, et qui rejetterait volontiers, *s'il le pouvait*, les sévères exigences morales de l'éducation paternelle.

« S'il le pouvait » disons-nous. C'est qu'en effet, il ne semble pas qu'il ait pu le faire longtemps. Au tréfonds de lui-même, il se sentait étranger à cette vie de dandy qu'il menait. On doit admettre ici qu'ayant introjecté les idéaux et les interdits paternels en *Idéal du Moi* (ou *Surmoi*), il s'est vu, à un moment donné, contraint par une force intérieure de remplacer son Moi superficiel et égoïste par l'*Idéal du Moi paternel*, à son tour surinvesti narcissiquement. Rappelons-nous cette déclaration : *« Mon père m'a inculqué le sentiment écrasant du caractère inexorable du devoir. »*

Il est très probable qu'on peut en rendre responsable la première crise de mélancolie de ses 22 ans, qui a dû inaugurer dans l'âme de *Kierkegaard* un changement radical; la dépression, on le sait, avec ses caractères de tristesse, d'anxiété, de culpabilité, dépend de l'écrasement du Moi par la sévérité du Surmoi, et c'est le Surmoi qui dirige alors la conduite.

Désormais, *Kierkegaard* a une nature double, qui s'exprime par les alternances de son humeur. Sous la pression des interdits moraux du Surmoi, il vit son grand destin d'une manière dépressive, comme un destin sacrifié « pour le bien des autres ». Mais dans les moments d'exaltation, lorsque son Moi reprend le dessus, reconquiert son sentiment de valeur et sa joie de vivre, c'est un destin triomphant, qui le pousse à écrire, à propager ses idées, à attaquer ses contradicteurs; car c'est un penseur solitaire, ne l'oublions pas, dont les doctrines sont en opposition violente avec la pensée régnante de l'époque. S'il n'ose alors se dresser ouvertement contre son père défunt et l'éducation austère que celui-ci lui a donnée, on le voit cependant s'en prendre, par un déplacement bien significatif, à l'évêque *Mynster*, celui qui fut jadis le conseiller spirituel de son père, et le guide en instruction religieuse du jeune *Kierkegaard*.

Une autre cause doit être mentionnée aussi à l'origine du retrait narcissique de *Kierkegaard* : c'est sa constitution native de *Rétracté*. Il était en effet petit et frêle, et marchait en claudicant; par là, il se trouva, enfant, en butte aux railleries et aux brimades de ses condisciples, ce qui ne put que renforcer sa tendance à la solitude. Sans doute faut-il voir aussi dans son dandysme de jeune étudiant un désir de surcompenser cette disgrâce physique, comme nous l'avons noté déjà.

III. RETRAIT NARCISSIQUE ET CREATION

Par sa constitution native, par sa tendance dépressive, *Kierkegaard* appartient au caractère *introverti*, chez lequel les valeurs de la vie intérieure ont toujours la prédominance.

Nous avons vu l'*extraversion* prévalente de *Balzac* s'exprimer dans son œuvre littéraire par la peinture des mœurs de la société de son temps, même si l'on souligne, comme nous l'avons fait, que le visionnaire supplantait souvent l'observateur chez notre romancier.

Chez *Kierkegaard*, tout différemment, l'*introversion* conduit à une pensée tout à fait subjective, fondée sur une réalité spirituelle entièrement indépendante de la réalité sociale environnante.

Kierkegaard a réalisé son œuvre sans s'inspirer en rien de l'expérience commune; tout en a été tiré de son seul fonds. En particulier, s'il a approfondi avec tant de clairvoyance psychologique le problème de l'angoisse humaine, c'est parce qu'il était lui-même un anxieux, et qu'en conséquence, pour comprendre, il lui suffisait de rentrer en lui-même, de s'auto-analyser.

Que peut-on dire du rôle qu'a joué le retrait narcissique dans son œuvre ? Assurément, la solitude et la concentration des forces qui en est le corollaire habituel, ainsi que l'esprit de contestation qui l'a animé, ont joué un rôle marquant dans l'orientation de ses écrits philosophiques. Mais peut-on considérer que sa pensée a été déterminée en quelque manière par les oscillations pathologiques de son état mental, en bref, que sa psychose a conditionné son génie ?

Voici notre réponse. Il n'est pas douteux que les périodes dépressives vécues par *Kierkegaard* ont beaucoup contribué à l'approfondir, à lui faire connaître, au sens le plus fort de ce mot [1], les problèmes de la culpabilité et de l'angoisse. Il n'est pas douteux non plus que le sentiment de toute-puissance des périodes d'exaltation a permis le passage à l'acte, la réalisation de l'œuvre. Ce qui nous paraît toutefois avoir été décisif ici, c'est *le mouvement* par lequel *Kierkegaard* passait de la dépression à l'exalta-

---

[1] Au sens fort du mot, connaître veut dire, non pas seulement avoir une connaissance intellectuelle, mais vivre avec, participer à, comme dans l'expression « connaître la maladie ». On sait que, dans la langue hébraïque, connaître a toujours ce sens fort, ce qui explique que l'expression biblique « connaître une femme » veuille dire « être uni à elle ».

tion, mouvement fécond qui s'accompagnait d'une prise de conscience intense et d'une expansion vitale créatrice.

On pourrait cependant nous objecter qu'il y a nombre de sujets qui sont pareillement cyclothymiques et qui ne produisent rien. C'est vrai, et il nous faut admettre ici qu'il y a chez notre philosophe un *pouvoir mystérieux de synthèse et de création,* par lequel tous les événements vécus intérieurement, au lieu de se disperser aux quatre vents, se concentrent dans une même vocation, qui produit l'œuvre.

CHAPITRE IV

LE CAS MARCEL PROUST

Il est peu de grands écrivains auxquels le mot narcissisme convienne mieux qu'à *Marcel Proust,* romancier, auteur des sept volumes de *A la Recherche du Temps perdu.* On sait en effet que son œuvre est une autobiographie romancée, où tout nous est conté à la première personne.

I. LES SIGNES DU RETRAIT NARCISSIQUE

Comme les trois autres écrivains que nous venons d'étudier, *Proust,* adolescent, avait une réputation de dandy; à l'époque, on disait aussi de « snob ». Il y avait en effet beaucoup d'affectation dans sa manière de se vêtir, avec le camélia à la boutonnière, comme on le lui voit sur le portrait peint par *Blanche.* On a souligné son goût très vif pour les élégances mondaines, pour les réceptions au Ritz. Il faut y ajouter les poses alanguies de certaines photographies, son amour pour « les caprices d'étoffes exquises », et son inclination pour le « précieux » dans les manières et dans le style.

D'autre part, on a remarqué que, si l'amour a tenu dans sa vie et dans son œuvre une place capitale, il apparaît que *cet amour était très narcissique*. De lui-même, il déclare en effet : « *L'amour ne nous rapproche pas de l'être que nous aimons, mais il nous rend à nous-mêmes, au Moi dont le monde nous écartait et que, sans l'amour, nous ne retrouverions jamais.* »

Et encore : « *Les souffrances du jeune Marcel* (c'est son propre nom qu'il donne à son héros), *s'il n'avait pas rencontré Albertine, eussent été autres, mais non pas moindres. Le rôle d'Albertine, une autre l'aurait joué. Son amour ne tient pas " à ce que c'est elle ", mais " à ce que c'est lui ".* »

Est-il possible de dire plus nettement que la femme aimée n'est que l'occasion qui fait naître le sentiment, et que le sentiment compte ici plus que l'objet d'amour lui-même. Le romancier écrit encore : « *Albertine est intelligente, mais Marcel met beaucoup de temps à s'en apercevoir. Il aime à travers elle " la petite bande " des jeunes filles en fleurs de son passé.* » Et, d'une autre jeune fille dont il est épris, le même Marcel dit : « *Je la trouvais belle, pleine encore d'espérance, riante, formée de toutes les années que j'avais perdues; elle ressemblait à ma jeunesse.* »

Si l'objet d'amour importe bien moins que cet amour même, à la limite, il n'a même pas besoin d'être réel. Pour *Proust*, si un amant est sensible à certaines qualités de l'être qu'il aime, ce ne sera pas à celles que cet être possède réellement, mais à celles qu'il lui a lui-même conférées, par une sorte de décret de son esprit et de son cœur. C'est ainsi qu'à trois reprises, le romancier tombe amoureux de femmes qu'il n'a vues que de loin et à qui il n'a jamais parlé.

D'où aussi le rôle joué par la jalousie, qui fait souffrir, car, ici encore, la femme qui déçoit n'est que l'occasion du sentiment qu'on éprouve; ce n'est pas elle qui vous torture, en réalité, *on se torture par elle*. *Proust* va jusqu'à dire que l'amour est radicalement mauvais, mais que les souffrances occasionnées par lui sont bonnes et libératrices. Pourquoi libératrices ? Parce qu'elles rendent l'homme à lui-même, à sa solitude.

Notre romancier ne voit nulle part l'*amour du couple*, et la procréation qui l'accomplit. Dans le monde qu'il édifie, les enfants sont rares, et presque toujours uniques. *Proust* avait un frère plus jeune que lui; or, *Proust* comme narrateur n'a pas de frère. Un commentateur, *Emmanuel Bert*, a fait remarquer, non sans humour : « *Parmi les médecins que Proust nous montre, il n'y a pas de gynécologue, pas de pédiatre; et c'est heureux, ils mourraient de faim.* »

En outre, son narcissisme, sa fixation à son enfance se marque chez *Proust* par son besoin de recevoir, bien plus que de donner. A la question : « *Quel est le principal trait de mon caractère ?* », il répond : « *Le besoin d'être aimé et, pour préciser, plutôt le besoin d'être caressé et gâté.* » Et, à une autre question : « *Ce que j'apprécie le plus chez mes amis ?* », il répond : « *D'être tendres pour moi.* »

Les choix narcissiques et l'androgynie. L'étude de la vie et de l'œuvre de *Proust* nous autorise à penser que ses choix ont toujours été des choix narcissiques, et qu'il s'est aimé lui-même à travers les femmes et les hommes qu'il a aimés.

On dit que, jeune homme, il a été plusieurs fois amoureux de jeunes filles, et qu'ensuite, il a eu des liaisons amoureuses avec plusieurs jeunes gens. Qu'en faut-il penser ?

Il y avait certainement chez *Proust* une très forte composante féminine, qu'il projetait sur les êtres qui l'entouraient, afin de s'aimer à travers eux. Il est remarquable qu'à la question : « *La qualité que je désire chez un homme ?* », il répond : « *Des charmes féminins.* » Et à la question : « *La qualité que je préfère chez une femme ?* », il répond : « *Des vertus d'homme et la franchise dans la camaraderie.* »

Il est notoire d'ailleurs qu'il a été franchement homosexuel, en dépit de ce que cette « inversion » le dévaluait auprès de sa famille et de son entourage. Mais il est très remarquable qu'il se liait d'amour surtout avec des jeunes gens qui lui ressemblaient, tant par la grâce de leur physique que par leurs goûts esthétiques.

La solitude. Mais ce qui domine chez *Proust* à travers toutes ces liaisons, c'est l'exigence foncière de solitude, cette solitude à laquelle sa mauvaise santé l'a condamné toute sa vie, et qu'il a fini par aimer, en dépit de son apparente mondanité. En exaltant les souffrances que l'amour engendre, il souligne que, pour lui, le fait important est que cet amour rend l'homme à la solitude. Il écrit : « *La grande loi de notre vie est la solitude. Autrui ne peut être pour nous qu'une source de déceptions affectives et d'arrachement à nous-mêmes, à cet isolement des êtres les uns par rapport aux autres.* » Et ailleurs (déjà cité) : « *L'amour ne nous rapproche pas de l'être que nous aimons, mais il nous rend à nous-mêmes.* »

II. LES CAUSES DU RETRAIT NARCISSIQUE

La cause essentielle du retrait narcissique chez *Proust* est sa constitution native de *Rétracté*. On en connaît les raisons : sa mère était enceinte de lui lors du siège de Paris par les Prussiens, et de la Commune, qui suivit ce siège; elle en fut très éprouvée dans sa santé. Et, quand Marcel vint au monde, en Juillet 71, il était si chétif qu'on doutait qu'il pût vivre. Il vécut cependant, mais il resta toujours très délicat, et, à l'âge de 9 ans, il fit une première crise d'asthme, maladie dont il resta affecté durant toute son existence, et qui fut la cause qu'il ne put jamais être un enfant comme les autres, participer à leurs activités et à leurs jeux. Ajoutons qu'il fut durant toute son enfance entouré des soins vigilants de sa mère et de sa grand-mère, et que cette éducation féminine contribua à accentuer ce que son caractère avait déjà de délicat et d'hypersensible, et pour tout dire d'efféminé. Que ces deux femmes aient joué un très grand rôle dans sa vie nous est prouvé par cette réponse qu'il fit à la question : « *Quel serait mon plus grand malheur ?* »; « *De n'avoir pas connu ma mère ni ma grand-mère.* »

Comme tous les êtres fragiles, dotés de peu de force d'expansion, *Proust* resta affectivement fixé à son enfance. Cette fixation rend compte du rôle essentiel que jouaient chez notre écrivain les souvenirs, la nostalgie du passé, qui emplissent toute son œuvre.

Sa constitution native de *Rétracté* le disposait bien entendu au retrait narcissique, du fait qu'elle implique tout naturellement une difficulté particulière à dépasser l'Œdipe. Cette difficulté est très aisément perceptible chez *Proust* dans ses relations avec ses parents. Son père était un homme robuste, positif, très soucieux d'action efficace et de réussite sociale, et qui n'a jamais compris les aspirations artistiques du jeune Marcel; il devait à coup sûr préférer son second fils, lequel suivit la même carrière de médecin que lui. Il ne pouvait être question pour le jeune Marcel de s'identifier à un père si profondément différent de lui, ni d'entrer en compétition, lui si délicat, avec un homme qui l'écrasait de sa force et de son assurance. D'autre part, la très grande intimité qu'il avait eue avec sa mère n'avait pu manquer d'engendrer chez lui une durable fixation affective à celle-ci. Que l'intensité même de son amour pour sa mère ait empêché *Proust* de vivre correctement son Œdipe, cela ne nous paraît pas douteux (la part étant faite ici bien entendu à son défaut d'expansion native), et cela peut nous expliquer, selon l'enseignement de la psychanalyse, que se soit produite chez lui une *inversion de l'Œdipe* l'ayant conduit à l'*homosexualité*. Dans la même perspective, nous sommes en droit de penser que c'est aussi la crainte devant les pulsions œdipiennes qui a provoqué le retrait narcissique intense que nous constatons chez lui.

III. RETRAIT NARCISSIQUE ET CRÉATION

De par sa structure native de *Rétracté, Marcel Proust* est un *introverti*, pour qui les événements intérieurs comptent plus que les événements extérieurs.

Il écrit par exemple : « *Ceux qui raisonnent à perte de vue sur l'art ignorent tout de l'art. Posséder le sens artistique, c'est aussi avoir la soumission à la réalité intérieure, la seule qui compte.* »

Après avoir dit (cité un peu plus haut) qu'autrui ne peut être pour nous qu'une source de déceptions affectives et d'arrachement à nous-mêmes, il ajoute que « *c'est là la condition de l'exploration de soi et de la création littéraire.* »

Et il applique ses vues à l'exégèse des œuvres littéraires. Dans l'ouvrage qu'il a écrit « *Contre Sainte-Beuve* », il s'oppose à l'esprit du critique des « *Lundis* », lorsque celui-ci prétend demander la vérité à l'enquête, en interrogeant des témoins et en scrutant les apparences sociales, toutes choses de l'extérieur; pour lui, la réalité d'un écrivain se saisit, non par quelque révélation extérieure, mais au contraire par *la recherche de l'irrationnel unique qui est en lui.*

En bref, on peut dire que le retrait narcissique a conditionné en grande partie, et la forme, et la matière de l'œuvre de *Proust*, car le roman proustien, encore que riche en observations psychologiques, est essentiellement la réfraction de tout un univers à travers la sensibilité propre de l'écrivain, celui-ci retournant sans cesse à ses sources, par un mouvement à reculons.

Cela suffit-il à expliquer qu'il soit un grand romancier ? Non certes ! Il y a en plus cet impondérable qu'est le souffle du génie. Mais on se prend à penser derechef au mot de *Freud* « *que le narcissisme, quand il n'inhibe pas, est un enrichissement* », et il apparaît alors que, de ne pas s'être refusé au puissant mouvement régressif qui le ramenait en arrière, dans la solitude narcissique, et d'avoir en même temps pleinement consenti à cet amour de soi et de ses doubles, au lieu de le refouler, comme la plupart l'auraient fait, lui a permis d'explorer jusque dans ses profondeurs la vie de l'être intime, comme aucun autre ne l'avait fait, semble-t-il, avant lui.

EN GUISE DE CONCLUSION :
NORMAL OU PATHOLOGIQUE ?

Dès le début de cet ouvrage, nous nous sommes trouvé confronté avec *la complexité de la notion de narcissisme.*

A cette complexité, nous avons tenté d'apporter une première simplification en opposant d'une manière radicale deux sens du mot narcissisme, refusant le concept de « narcissisme primaire », qui fait selon nous double emploi avec la notion de force vitale, d'expansion vitale; et n'acceptant pour valable que le concept de « narcissisme secondaire », lequel répond, lui, à des situations psychopathologiques bien définies. Ce faisant, nous pensons avoir échappé à la confusion habituelle, qui résulte d'une trop large extension donnée à ce concept de narcissisme par la plupart des psychanalystes.

Nous avons ensuite reconnu que, même limitée au *narcissisme secondaire* ou *retrait narcissique*, notre étude se révélait encore d'une grande complexité, parce que, si le point nodal est ici l'*inflation du Moi*, constamment retrouvée dans toutes nos observations, le tableau clinique est susceptible de varier beaucoup d'un individu à l'autre, de par l'appoint de symptômes surajoutés, comme on l'a vu.

Cette complexité tient, comme nous l'avons montré, à ce que *le narcissisme est une situation psychique conflictuelle*, représentant une réaction de défense contre la dépression qui résulte de la rupture des relations affectives; cette réaction de défense apparaît au premier plan, alors que la dépression qu'elle combat est refoulée dans les profondeurs.

Pour cette raison, on ne saurait comprendre le retrait narcissique par la seule constatation des signes par lesquels il se manifeste. Il est nécessaire de se livrer à une exploration en profondeur, et c'est pourquoi nous avons fait appel aux tests projectifs. On a pu voir que le *test du Dessin de famille* et le *test P.N.*, non seulement permettent d'identifier le narcissisme, mais encore peuvent faire revivre au sujet les événements perturbants de son existence qui en ont été les facteurs déterminants. C'est ainsi que s'explicitent très nettement dans les thèmes projectifs les sentiments dépressifs pénibles qui susciteront, par réaction, le retrait narcissique.

Il se découvre donc, comme l'ont vu plusieurs auteurs, qu'en dépit des apparences premières, le retrait narcissique représente en réalité un blocage de l'élan vital, avec tout ce que cela est susceptible d'entraîner d'inadaptation et d'échecs.

On ne peut alors qu'être surpris de constater que ce retrait narcissique s'observe fréquemment chez les grands hommes. A l'expliquer, nous avons consacré plusieurs chapitres (*Narcissisme et Création*). Nous avons dû faire appel à un facteur quelque peu mystérieux que nous avons appelé, faute d'avoir trouvé une désignation meilleure, la *force de la personnalité*.

Chez les uns, qui sont dans une situation pathologique, cette force est insuffisante à empêcher l'individu de s'inhiber, de se refermer complètement sur lui-même, sans plus aucune possibilité d'échanges.

Chez les autres, par contre, cette force se montre suffisante pour tourner le retrait narcissique à leur profit, en faisant que ce retrait, au lieu d'être une annihilation, soit une *concentration dans l'être intérieur*, comme une source longtemps contenue dans le sol et qui jaillit soudain avec vigueur.

Tel nous est apparu le retrait narcissique des grands hommes. Les quatre exemples que nous avons choisis — *Baudelaire, Balzac, Kierkegaard* et *Proust* — sont particulièrement typiques, mais on pourrait en donner beaucoup d'autres. En ce domaine, la logique est impuissante à nous rendre compte de ce qui se passe, car elle aime les distinctions tranchées, les symétries nettes; c'est ainsi qu'elle oppose catégoriquement l'amour de soi à l'amour d'autrui, le retrait narcissique au rayonnement de la personnalité, le fantasme à la réalité. Il nous faut substituer à cette logique statique *un point de vue dynamique*; nous avons vu que l'amour de soi, quand il est puissant, peut déborder du champ clos de notre individualité étroite et rayonner au-dehors; de même, le retrait narcissique peut, lorsqu'il concentre la force à l'intérieur de l'être, susciter le déploiement de cette force dans un domaine privilégié, comme on l'a vu; de même encore, si le fantasme est d'ordinaire inadaptation à la réalité, il peut se trouver que, par le dynamisme même qui l'anime, il parvienne à s'imposer et à créer une nouvelle réalité à son image.

L'interprétation dynamique nous conduit, ici comme dans beaucoup d'autres secteurs de la psychologie, à ne pas nous laisser abuser par la fixité apparente de situations comme celle du retrait narcissique, autrement dit, à ne pas prendre pour des « états » ce qu'il faut bien plutôt considérer comme des jeux de forces plus ou moins en conflit. La remarque vaut par exemple pour la *Caractérologie,* qui prétend définir la personnalité d'un homme par des traits fixes, en le rattachant à un *Type,* ce qui, comme nous l'avons souligné, expose à des erreurs d'autant plus graves qu'on a affaire à une personnalité plus originale, le grand homme, notamment, se caractérisant, non par ce qui le rapproche d'autres hommes du même type, mais par ce qui l'en distingue et en fait une personnalité unique. La remarque vaut aussi pour la *Psychiatrie,* lorsque celle-ci se borne à décrire des types de maladies mentales, caractérisées par des symptômes fixes, alors que ce qui compte essentiellement, c'est le processus dynamique par lequel ces maladies se constituent.

Cette *compréhension dynamique des processus* doit être la préoccupation première des psychologues, et c'est pourquoi nous avons dans cet ouvrage montré, avec nombres d'exemples à l'appui, en vertu de quel jeu de forces psychiques se réalise le retrait narcissique. Et cela nous amène tout naturellement à nous poser la question de savoir dans quels cas nous avons affaire à une *situation normale,* et dans quels cas à une *situation pathologique.*

Il ne s'agit pas ici, rappelons-le encore une fois, de jouer sur les deux sens du mot narcissisme; car rien ne serait alors plus facile que de qualifier d'état normal le narcissisme primaire, puisqu'il est synonyme d'élan vital, et d'état pathologique le narcissisme secondaire, du fait qu'il représente une inhibition de cet élan vital.

Non ! Notre problème concerne bien le narcissisme tel que nous l'avons défini comme retrait de la libido attachée aux objets et surinvestissement du Moi.

Lorsque le psychologue constate un tel état, en particulier chez un enfant, il doit se garder de porter tout de suite un pronostic d'avenir. Certes, il doit noter les signes d'inadaptation, qui créent difficultés familiales et difficultés scolaires. Il sait aussi que le critère d'une santé psychique normale, c'est *la bonne adaptation*; mais adaptation à quoi ? Tout le problème est là.

On a vu par exemple que *Balzac* était considéré dans son enfance comme peu intelligent, parce que constamment distrait des réalités qui l'entouraient. Sur quels signes aurait-on pu alors pronostiquer son avenir de grand romancier ? Il n'y a qu'une réponse : « sur la puissance de sa vitalité », c'est-à-dire sur sa capacité de donner forme à ses fantasmes et de créer un monde où ceux-ci deviendraient eux-mêmes réalité.

Chez *Balzac* comme chez *Kierkegaard*, nous avons vu l'état dépressif, qui annihilait au début leur personnalité, faire place, par la suite, à un état d'exaltation qui rendait possible l'extériorisation de ce qui s'était, pendant des années, accumulé dans les profondeurs.

Des processus analogues peuvent se réaliser chez les sujets ordinaires. Le psychologue agira donc avec sagesse en réservant son jugement, en faisant confiance aux forces spontanées de la croissance, qui sont susceptibles, à un moment donné, de débloquer le retrait narcissique et de rétablir un courant d'échanges. Il pourra d'ailleurs intervenir dans le cours naturel de l'évolution en favorisant par une psychothérapie la reprise du mouvement en avant, tout en s'efforçant de placer le sujet dans les conditions d'environnement affectif les plus favorables. Et il ne se résignera à parler d'état pathologique que si, en dépit de tous ses efforts, il constate que le sujet vient à accentuer au cours des années son retrait narcissique, jusqu'à se replier complètement sur lui-même, dans une existence de plus en plus séparée, où *l'amour d'autrui, absent, n'apporte plus son climat vivifiant d'épanouissement et de santé morale.*

BIBLIOGRAPHIE

Les références bibliographiques sur le narcissisme sont extrêmement nombreuses, particulièrement dans les travaux psychanalytiques, et nous ne saurions ici les citer toutes. Nous nous sommes bornés à signaler les seuls auteurs dont notre travail s'est inspiré.

ANDREAS-SALOME Lou, *Correspondance avec Freud*. Trad. fr., 1970, chez Gallimard.

BAUDOUIN Charles, *L'âme enfantine et la psychanalyse*. Tome I, 3e partie, ch. 2 : La retraite, 1954, Delachaux et Niestlé.

BOHLIN Torsten, *Sören Kierkegaard. L'homme et l'œuvre*. Trad. fr. F. Tisseau.

CHASSEGUET-SMIRGEL Janine, *Essai sur l'Idéal du Moi. Contribution à l'étude psychanalytique de la maladie d'Idéalité*. 33e Congrès des psychanalystes de langue romane. Revue fr. de psychanalyse, sept. 1973.

CORMAN Louis, *Déception et retrait narcissique étudiés par le test du Dessin de Famille*. Arch. méd. Ouest, 1970, no 2. - *Le syndrome projectif du retrait narcissique dans le test P.N*. Rev. de psych. appliquée, 1974, no 3.

FREUD Sigmund, *Introduction à la psychanalyse*, en particulier ch. 26 : La théorie de la libido et le narcissime. Trad. fr., 1932, Payot. - *Trois essais sur la théorie de la sexualité*. Trad. fr., 1945, Gallimard. - *La vie sexuelle*, ch. 5 : Pour introduire le narcissisme. Trad. Laplanche, 1970, P.U.F.

GRUNBERGER Béla, *Le narcissisme*. Un volume chez Payot, 1971. - *Jalons pour une étude du narcissime féminin*, dans « La sexualité féminine », 1964, Payot.

HORNEY Karen, *Les voies nouvelles de la psychanalyse*, en particulier ch. 5 : Le concept de narcissisme. Trad. fr., 1951, L'Arche.

LAVELLE Louis, *L'erreur de Narcisse*, 1939, Grasset.

JEANNOT André, *Essai sur l'hypomanie balzacienne*. Thèse de doctorat, 1966.

VIDERMAN S., *Narcissisme et relation d'objet dans la situation psychanalytique*. Conférence à la Soc. Psych. de Paris, fév. 1966.

Revue Française de Psychanalyse. No consacré au Narcissisme, nos 5-6, 1965.

TABLE DES MATIERES

PSYCHOLOGIE ET SCIENCES HUMAINES

collection publiée sous la direction de MARC RICHELLE